HENRIETTE
DE BALZAC D'ENTRAGUES

PAR

A. JACQUES BALLIEU

PARIS

A. DUPRET, ÉDITEUR

3, RUE DE MÉDICIS, 3

1887

HENRIETTE

DE BALZAC D'ENTRAGUES

4275. — ABBEVILLE, TYP. ET STÉR. A. RETAUX. — 1887.

HENRIETTE
DE BALZAC D'ENTRAGUES

PAR

A. JACQUES BALLIEU

※

PARIS

A. DUPRET, ÉDITEUR

3, RUE DE MÉDICIS, 3

1887

A MONSIEUR ALBERT BILLOT

Cher Monsieur et Ami,

Il est un usage vieux comme... l'imprimerie, qui consiste à inscrire sur la première page d'un volume le nom d'un homme que sa situation ou son mérite désignent plus particulièrement à l'attention d'un chacun. Cet usage s'explique : c'est une recommandation ou une protection ; cependant je me suis promis de n'y jamais sacrifier.

Aussi veuillez croire que l'affection seule m'a porté à vous dédier ce court travail. Je préfère au couvert du talent le sûr abri de l'amitié, et je ne me suis souvenu en tout ceci que de celle que vous avez consacrée à ma famille et à moi : tant mieux ensuite, pour mon petit livre, si votre nom a l'heureuse fortune de me présenter les deux avantages.

Quant à l'ouvrage, c'est fort peu de chose. Tout le mal que j'en pense n'est contre-balancé que par toutes les indulgences dont ma fatuité le juge digne. Au surplus, ce fut écrit très jeune et il s'agit uniquement d'une compilation.

Mais n'êtes-vous pas d'avis, cher Monsieur et Ami, qu'il faut pourtant s'aviser de débuter ?

Affection et respect.

A.-J. B.

HENRIETTE DE BALZAC D'ENTRAGUES

MARQUISE DE VERNEUIL

CHAPITRE PREMIER

Coup d'œil rétrospectif sur la famille de Balzac.

Henriette de Balzac d'Entragues, dont nous allons essayer de raconter la vie aventureuse, était née d'une famille d'intrigants fort habiles, pour qui la foi jurée n'avait de valeur qu'autant qu'elle ne nuisait pas à leurs intérêts. Les d'Entragues ne discutaient pas les moyens : tout leur était bon, et leur conscience, très élastique, sans doute, ne vint jamais leur faire de reproche, le but une fois atteint. Guisards un jour, du parti

du roi le lendemain ; fanatiques de Villeroy à telle époque, ses ennemis déclarés
quelques jours après, ils étaient de longue
main habitués à ces soubresauts et savaient
louvoyer, sans fatigue, au milieu des haines
multiples que devait soulever une telle conduite. L'intrigue paraissait être leur élément,
ils en vivaient, et l'existence probablement
leur paraissait monotone en dehors de cette
manière d'être, car, à peine étaient-ils sortis
d'un complot, qu'on les voyait réapparaître
dans un autre, comme si, vraiment, ils sem-
blaient à la recherche de ces sortes d'affaires,
dont ils tramaient souvent eux-mêmes les
premiers fils, lorsque le hasard faisait trop
longtemps attendre leur impatience.

La petite ville de Balzac, à deux lieues de
Brioude, en Auvergne, avait donné son
nom à cette famille, plus connue sous celui
d'Entragues, bien que cependant François
de Balzac, père d'Henriette, n'eût pas régu-
lièrement le droit de le porter, puisqu'il ne
possédait pas la terre d'Entragues, transmise

par mariage, par Jeanne de Balzac, sa tante,
à Claude d'Urfé, bailli de Forest. Mais ce
nom avait été illustré par les ancêtres de
François, qui, par cela même, l'affecta de
préférence à celui de Marcoussis et d'autres
plus grandes seigneuries qui lui appartenaient en propre.

La famille, très étendue, puisqu'elle se
divisait en quatre branches : la branche des
sieurs d'Entragues ou branche directe, celle
des comtes de Clermont, celle des barons
de Dunes, celle des seigneurs de Montaigu,
devait, en effet, quelque célébrité à certains
de ses membres, entre autres, à Jean de
Balzac, qui aida le roi Charles VII de tous
ses biens contre les Anglais ; à Robert, conseiller et chambellan du roi et sénéchal
d'Agenois ; à Roffec, sénéchal d'Agenois et
gouverneur de Pise pour le roi Charles VIII ;
à Pierre, chevalier de l'ordre du roi, gouverneur de la haute et basse Marche ; à Guillaume, gouverneur du Havre-de-Grâce. Leurs
armes portaient d'azur à trois sautoirs d'ar-

gent, au chef d'or à trois sautoirs d'azur.
Guillaume, gouverneur du Havre-de-Grâce,
avait épousé Louise, fille de Jean, seigneur
d'Humières ; il en eut cinq enfants, dont les
deux aînés furent François et Charles ; il
était resté un des fidèles de la maison de
Lorraine, possédant la charge de lieutenant
de la compagnie des gens d'armes de François de Guise ; et ses deux fils gardèrent, au
début au moins, cette amitié à Henri, fils du
précédent, ce qui d'ailleurs n'avait qu'un
mérite très relatif, car il n'y avait rien de tel
que d'avoir, à la cour, un protecteur de cette
importance.

Charles surtout, dit le bel Entragues ou
Entraguet, plus ardent peut-être que son
frère, s'engagea avec fureur dans le parti ; il
ne tarda pas à s'en trouver bien et devint
fort intime du roi, ce qui lui permit de prêter
à Henri III les secours de son astuce à propos d'une affaire amoureuse qui advint, à
Lyon, à ce monarque.

Le roi s'était embrasé, chose rare, pour

une des femmes les plus haut placées de cette
ville ; le comte de Maulevrier et Entragues
furent chargés de s'occuper de cet amour.
Ils eurent bien vite raison de la vertu de la
dame ; mais une entrevue était difficile à
ménager par suite de l'extrême jalousie du
mari, qui suivait sa femme comme une ombre.
Ils étudièrent l'homme et, le jugeant avare,
ils lui offrirent de le faire mettre dans le parti
du sel, espérant ainsi le décider à entreprendre un voyage à Péquais ; mais ce stratagème n'eut aucun succès ; on tenta dès lors
de l'amener à composition par l'ambition, et
on lui fit entrevoir une mission pour le service du roi dans quelques villes d'Asie ; vai-
nement encore. En dernier ressort, on résolut de s'attaquer à sa dévotion : les deux
entremetteurs vinrent trouver le gardien des
Cordeliers, confesseur du sire et, lui parlant
haut, ils parurent s'en prendre à lui de ce
qu'un des hommes les plus en vue de la ville
osât dédaigner, en présence même du roi, la
confrérie des Pénitents ; cela, ajoutaient-ils,

pourrait le faire soupçonner de sentir le
fagot. Le Père les reçut assez mal ; ils insis-
tèrent, il les envoya au diable, leur disant :
« A d'autres, messieurs ; nous sommes de
notre état, » et souligna ces paroles d'un
regard fin et matois, gros de sous-entendus.
Le comte, exaspéré, se mit à jurer et, perdant toute retenue : « Si nous sommes ici,
dit-il, c'est que le roi est amoureux de la
femme du sire, qu'il nous est impossible de
faire quitter la maison au mari, et que nous
ne pourrons terminer si vous ne nous aidez.
Agissez donc en galant homme et je vous
apporterai, dès demain, cent doubles ducats
à deux têtes pour expier le péché et faire
des aumônes. »

Le moine trouva-t-il le raisonnement sans
réplique ? accéda-t-il, oui ou non, à cette
prière ? Nous n'oserions nier le fait ; n'est-il
pas fort dangereux d'aller contre la volonté
absolue d'un roi ? Ce qu'il y a de certain,
c'est que, quelques jours après, la confrérie
fit une procession ; que le mari fut chargé de

porter la croix et que le roi et le comte, se dérobant par une porte de derrière qu'ils se firent ouvrir par le gardien, s'acheminèrent au rendez-vous. Le malheureux époux eut-il, en chemin, des doutes ; vit-il, comme certains prétendent, un chapeau à la fenêtre de sa femme ? tout est possible ; mais, en tout cas, arrivé à la hauteur de son habitation, il s'arrêta, soupira longuement puis s'évanouit réellement ou par feinte, si bien que la croix, alors en ses mains, fût tombée sur le pavé sans le secours d'Entragues et de du Halde qui avaient eu soin de se placer tout près de lui.

Ces deux seigneurs aidèrent à transporter cet évanoui chez lui, dans sa chambre, où une foule de parents et de voisins accouraient. Le roi fut acculé dans le couloir avec Maulevrier. La dame fit demeurer son mari en la salle, sous prétexte qu'il y faisait frais, et, afin de sauver Henri III, elle dut enfermer Entraguet avec lui pour lui passer son habit. Ceci fait, Entragues rejoignit, avec du Halde, la procession, qui n'avait pas encore disparu.

Voilà, certes, de quoi prouver combien Charles de Balzac était en bonne intelligence avec le roi. Pourtant ceci se passait en 1578, et l'année ne se termina pas sans que le monarque prit en haine ce bel Entraguet. Pourquoi? Pour une maudite querelle qui naquit au Louvre, le 26 avril, entre lui et Caylus, un des mignons les plus aimés de Henri. La querelle vint se démêler le lendemain 27, dès cinq heures du matin, sur le Marché aux Chevaux, près la Bastille-Saint-Antoine, Caylus ayant pour second Maugiron et Livarot, et Entraguet, Riberac et le jeune Schomberg. Mais, par malheur, ils combattirent si furieusement que Maugiron et Schomberg demeurèrent sur la place; Riberac mourut le lendemain, Livarot fut six semaines malade, Entragues s'en tira avec une simple égratignure; quant à Caylus, auteur de la noise, il avait reçu dix-neuf coups, languit trente-trois jours et mourut, le 29 mai, en l'hôtel de Boisy, après avoir été soigné des mains mêmes du roi, lequel avait promis cent mille écus au chirurgien qui le sauverait.

Cette aventure faillit être très préjudiciable à Entragues. Heureusement que le duc de Guise, averti des menaces de mort, ni plus ni moins, qui circulaient à la cour, dit tout haut que Entragues n'avait fait acte que de gentilhomme et d'homme de bien et que, si pour cela on lui voulait nuire, son épée, qui coupait bien, saurait le protéger. Il fit prévenir Entragues en personne qu'il était de ses amis et qu'il en fût bien assuré.

Quant au public, fort mal disposé à l'égard des mignons, dont l'arrogance et l'imposture froissaient toutes les susceptibilités, il ne vit dans cette affaire qu'un prétexte à cent brocards; un grand nombre de vaudevilles, épitaphes et pasquils, en prose et en vers, circulèrent à cette occasion. Nous en reproduisons deux des plus courts et des moins aigres :

1.

Hic situs est Caylus, superas revocatus ad auras
Primus ut assideat cum Ganimede Jovi.

L'Antragues et ses compagnons
Ont bien étrillé les mignons :
Chacun dit que c'est grand dommage
Qu'il n'y en est mort davantage.

La colère du roi ne s'étendit pourtant pas à toute la famille d'Entragues ; car, le jeudi premier jour de l'an 1579, il établit solennellement son nouvel ordre des chevaliers du Saint-Esprit. Ce fut l'occasion d'une magnifique cérémonie à l'église des Augustins, de Paris, et parmi les vingt-sept chevaliers nommés en ce jour même, on remarque le nom de François de Balzac.

Ce dernier, après avoir perdu sa première femme, Jacqueline de Rohan, dame de Gié, fille et héritière de François de Rohan, seigneur de Gié et de Verger, avait épousé, en secondes noces, Marie Jaccossie, dite Marie Touchet, ex-maîtresse de Charles IX, ce qui allia aux d'Entragues le fameux bâtard de ce roi, le comte d'Auvergne, bien digne

par son naturel intrigant, de figurer parmi
les membres de cette famille. François de
Balzac s'était très fortement épris de cette
femme, dont l'esprit était, d'ailleurs, aussi
incomparable que la beauté : des flatteurs,
sans doute, avaient trouvé, dans son nom de
Marie Touchet, un anagramme : « Je charme
tout »; mais personne ne vit jamais rien
d'exagéré dans cette galanterie. De cette
union naquirent Henriette de Balzac et
Marie de Balzac.

Le fils aîné de cette femme n'eut jamais à
se plaindre de descendre d'un roi ; les libé-
ralités du successeur de Charles IX vinrent
le combler en foule. En juin 1586, le bâtard
d'Angoulême, grand prieur de France, fils
de Henri II et de l'Ecossaise Seviston, fille
d'honneur de Marie Stuart, s'étant pris de
querelle avec Philippe Altaviti, comte de
Castellane, capitaine des galères, le tua,
mais en reçut des blessures graves, dont il
mourut. Le fils de Marie Touchet hérita du
grand prieuré ainsi que de tous les biens et

bénéfices du défunt, à l'exception du gouvernement de Provence, qui fut réservé au duc d'Épernon. Le dimanche 2 août 1587, le roi le faisait recevoir et reconnaître solennellement comme titulaire de cette charge, par tous les chevaliers de Saint-Jean de Jérusalem, qui se trouvaient alors à Paris, lui baillait la croix blanche et le faisait demeurer à la cour.

Dès que la Ligue s'était formée, François et son frère s'étaient déclarés pour le duc de Guise, au point que le roi, sachant cela, avait envoyé le duc de Montpensier et le maréchal d'Aumont vers Orléans, pour faire sortir Entragues de la citadelle, et que ce dernier osa les recevoir à coups de canon et les obligea, par ce moyen, à s'en retourner « avec leur artillerie et leur courte honte ». Mais cet attachement ne fut pas de longue durée. Mécontents, sans doute, ils se dégoûtèrent bientôt du parti guisard et, quand éclatèrent les divisions entre Philippe-Emmanuel, duc de Lorraine, le duc de Mercœur et le duc de Guise, Charles travailla à les entretenir ; il fomenta également, dans la propre famille du duc, la désunion née des prétentions de la faction Caroline, composée des ducs de Mayenne, de Nemours, d'Aumale, d'Elbeuf, tous décidés à faire de l'opposition au chef suprême. Charles de Dunes ne pouvait rien faire qui fût plus agréable à Henri III, car ce prince n'était pas sanguinaire, et le plus grand de ses souhaits était de pouvoir détruire le parti formé contre sa personne, sans être obligé d'en venir aux voies de fait. Mais le roi, instruit des bonnes dispositions de d'Entragues, par Villeroy, qu'avait averti Méry de Barbezières, sieur de Chemerauld, intime ami de la famille, résolut d'en tirer profit.

François de Balzac n'était que lieutenant général du gouvernement d'Orléans ; il avait su cependant se créer une grande influence en cette place, si bien qu'on l'appelait parfois le roi d'Orléans.

Henri III avec raison, désirait beaucoup

être maître de cette ville ; Villeroy donna un rendez-vous à Charles de Dunes dans sa maison de Conflans, près Paris. Dans cette entrevue ce seigneur déclara à Villeroy que d'Entragues, son frère, était prêt d'entrer en accommodement et de remettre au roi la ville d'Orléans, à condition qu'il lui ferait avoir raison d'un affront que Charles de Marcoussis, son fils, avait reçu, à Nevers, de la part du duc d'Épernon, l'année précédente, après la déroute de l'armée allemande ; qu'il ôterait le gouvernement de cette ville au chancelier de Chiverny, dont il n'était que le lieutenant, et avec qui il ne pouvait s'accorder, pour l'en revêtir.

Ces deux conditions constituaient à première vue deux impossibilités. Pourtant le roi avait bon espoir. Connaissant le caractère de d'Entragues, il pensait pouvoir supprimer la première à la faveur d'une somme d'argent assez ronde ; pour la seconde, il comptait sur la reconnaissance du chancelier, si souvent l'objet de sa bonté ; il ne lui refuse-

rait pas ce petit service, en face d'un intérêt
si essentiel à sa personne et à sa couronne.
Il autorisa donc Villeroy à faire espérer aux
d'Entragues qu'ils auraient contentement
sur l'un et l'autre de ces articles. Puis les
événements se succédèrent avec une rapidité
effrayante ; la journée des Barricades arriva
et Henri, forcé d'abandonner Paris, chercha
où il pourrait honnêtement transporter sa
cour ; peu sûr encore de Rouen, il jeta les
yeux sur Orléans et renoua, par conséquent,
cette négociation avec plus de chaleur que
jamais. On n'aurait su agir avec trop de
hâte : le comte de Schomberg fut dépêché de
Chartres, ayant sur lui un ordre signé de la
main même du roi et de Villeroy, par lequel
ce prince accordait à d'Entragues le gouvernement d'Orléans, qu'il demandait ; en outre,
il nommait pour son lieutenant son frère de
Dunes et lui donnait une compagnie de cinquante gens d'armes. Quant à la satisfaction
que les deux frères demandaient, Schomberg
était chargé d'en faire voir l'impossibilité et

d'offrir de l'argent en échange. Le comte devait remettre aux d'Entragues cet écrit dont nous venons de parler, à condition qu'ils lui délivreraient, de leur côté, une promesse signée de leur main et scellée de leurs armes, par laquelle ils s'engageraient à quitter tout parti contraire aux intérêts de Sa Majesté, à lui être fidèles, et à tenir la ville d'Orléans en son nom, soit qu'elle voulût y faire son séjour, soit qu'elle en eût besoin pour quelqu'autre usage. C'était trop exiger de ces natures mobiles, et les deux frères étaient trop fins pour engager à tout jamais leur avenir. Schomberg se rendit à Paris avec ces instructions, vit de Dunes, lui développa les propositions dont il était porteur et en reçut réponse : qu'il lui fallait du temps afin de pouvoir informer de ces clauses son frère, pour lors à Orléans. Le roi crut sans doute à une fin de non-recevoir, car il envoya, sur ces entrefaites, Jacques Valée des Barreaux au sieur d'Entragues lui-même. Ce transacteur fut assez mal reçu, et François se plaignit qu'on le lui eût envoyé si à contre-temps. On réexpédia alors Schomberg vers de Dunes, qui répondit enfin : « Son frère et lui étaient fort obligés au Roi de ses bonnes intentions à leur égard, ils tâcheraient par la suite de lui en prouver leur reconnaissance en le servant de tout leur pouvoir ; mais ils le suppliaient de ne pas exiger une assurance par écrit, cela avait un caractère de défiance qu'il fallait effacer du moment qu'on parlait de réconciliation sincère ; un serment oral proféré en présence de Sa Majesté sur le Saint-Sacrement, au besoin, devait amplement suffire. Ils priaient en sus Henri, au cas où il aurait besoin de se rendre à Orléans, de ne s'y faire accompagner que de sa cour et de ses gardes, car les habitants de cette ville prenaient facilement de l'ombrage. »

Ici se place un fait, qui plus tard détermina, presque seul la disgrâce de Villeroy. Ce ministre avait cependant pris assez en mains la cause du roi pour qu'on se donnât la peine d'expliquer ses actes dans le sens du bien mais les vrais serviteurs dévoués sont souvent les premiers proscrits.

Au moment où de Dunes faisait cette réponse, les négociations entre la cour et le duc de Guise étaient en pleine activité. Villeroy, à Vernon, prêt à monter à cheval pour se rendre à Paris, afin de les terminer, reçoit Schomberg. Il avait pris congé du roi ; il en profite pour ne tenir aucun compte de ce nouvel état de choses et passe outre. Voilà le fait. Or de toute façon il doit être interprété à l'honneur du ministre : ou bien, trouvant les nouvelles conditions de de Dunes inacceptables, voulait-il s'entretenir avec lui à Paris ; ou bien, assuré de mettre fin aux troubles qui divisaient la France, craignait-il que la possession d'Orléans ne donnât à son roi un regain d'humeur guerrière ; ou bien encore, connaissant les dispositions pacifiques avant tout d'Henri, pensait-il qu'il agissait selon ses désirs les plus chers du moment qu'il travaillait à ramener la paix par la voix la plus directe et, par conséquent la plus courte. Ce sont là les seules pensées qu'il faut supposer à Villeroy, lorsqu'il cachait au roi la réponse de d'Entragues. Que fit, en effet, le ministre à Paris? il rendit compte aux ligueurs des réponses que le roi avait faites à leurs demandes, puis il vit d'Entragues, qui se montra plus exigeant et voulut qu'on lui cédât les gouvernements du pays Chartrain, du Blesois, d'Amboise et de Loudun, qui appartenaient tous au chancelier de Chiverny. Mais c'était là le dernier effort, effort trop énergique pour ne pas être désespéré, d'une puissance qui se sentait mourir. Il était déjà trop tard pour que d'Entragues fût beaucoup à redouter ; les bourgeois d'Orléans, maîtres de la ville, n'étaient plus si bien intentionnés à son égard ; il ne pouvait plus disposer que du château, qui était très faible. On fut pourtant assez large pour lui offrir encore vingt mille écus d'or, au lieu de la satisfaction revendiquée par lui, à l'origine, avec tant d'ardeur.

Toutes ces menées n'avaient pas eu lieu à

l'insu du duc de Guise; ce qui le prouve
c'est la demande faite par lui que, dans un
des articles de l'accommodement, le roi
accordât aux ligueurs pour villes de sûreté
Bourges et Orléans. Le roi penchait à tout
accorder, mais Villeroy soutint qu'il était
impossible de céder deux villes dont l'une
était le siège d'un évêché, l'autre le siège
d'un archevêché. Il préférait offrir au duc un
plus grand nombre de villes, s'engageant
même à faire consentir au roi l'hérédité des
deux gouvernements en question en faveur
des enfants de la Châtre et d'Entragues, ces
seigneurs en étant titulaires à l'heure présente. De Guise n'accepta pas; on chargea
alors les d'Entragues de travailler ceux
d'Orléans, afin qu'ils s'opposassent eux-
mêmes à ces prétentions. Malheureusement
ces seigneurs n'avaient plus l'influence nécessaire. On décida donc que l'on protesterait
contre cette demande des ligueurs; mais les
d'Entragues préférèrent céder leurs droits
peu soucieux de se voir, par cette démons-

tration publique, engagés envers le roi et commis ouvertement contre le duc de Guise. Les deux villes furent dès lors accordées aux ligueurs ; le secrétaire d'État Claude Pinart, rédigea la déclaration et la signa.

Mais le duc de Guise, à peine revenu à Paris, les d'Entragues firent revivre cette affaire. De Dunès, en écrivant à Villeroy pour le féliciter du raccommodement, le pria de presser la démission du chancelier de Chiverny, puisque le gouvernement qu'il détenait devait être donné à son frère et à lui. Villeroy lui rappela qu'Orléans avait été cédé aux ligueurs ; de Dunes s'inscrivit en faux et affirma qu'il n'avait jamais été question que de Dourlans, ville frontière de Flandre ; le roi eut la faiblesse d'écouter ces revendications ; Villeroy, par crainte pour la dignité royale, lutta contre ces tendances ; mais, après des discussions sans issues, on convint de s'en remettre à l'arbitrage de la reine mère. Cette princesse, extrêmement politique, ménageait les deux partis, ligueurs

et royalistes ; elle se trouva fort empêchée
de conclure ; elle s'en tira en déclarant que,
n'ayant pas assisté aux délibérations, elle ne
pouvait rien savoir positivement ; elle renvoya les intéressés à Villeroy et à Pinart, qui,
disait-elle, avaient les minutes entre leurs
mains. Bref, l'affaire se termina au détriment
des d'Entragues ; d'ailleurs de Guise, emporté
par la chaleur de la dispute, avait été assez
hardi pour dire hautement que le roi avait
cédé à l'Union Orléans pour ville de sûreté
et qu'il saurait bien la conserver ; parole qui
ne fut pas sans influer sur sa mort.

Quant à de Dunes, furieux contre Villeroy,
qui ne lui avait pas prêté main-forte, il travailla de toutes manières à le perdre. Il le
représenta au roi comme un homme livré
dans le cœur au duc de Guise, comme un
homme qui, dans les négociations relatives à
la dernière paix, n'avait montré aucune
droiture et n'avait point informé fidèlement
Sa Majesté des intentions de sa famille au
sujet de la ville d'Orléans. Villeroy n'était

qu'un ministre perfide et prévaricateur, lui,
le premier, à solliciter la grâce du duc de
Guise, à travailler pour l'augmentation des
forces et du crédit de cet adversaire; lui qui,
abusant de l'autorité que son prince avait eu
la bonté de lui confier, en disposait en faveur
du duc de Guise, publiant en tous lieux des
choses capables de faire mépriser le roi, déclarant que ce devait en être fait d'Henri ou
sinon que le royaume périrait faute, par lui,
d'en pouvoir supporter le poids, affirmant
aussi que le règne du duc de Guise devait
être désiré de tous. Enfin, ajoutait de Dunes,
cette tendance guisarde ne s'affiche-t-elle pas
de la façon la plus mauvaise dès qu'on lit
l'avis publié depuis peu et attribué à l'ar-
chevêque de Lyon, dans lequel, entre autres
conseils, on exhorte de Guise, aussitôt arrivé
à la cour, à s'efforcer d'obtenir pour Villeroy
quelque charge considérable : il aurait toujours, par ainsi, un ami puissant et utile auprès du roi.

Henri III, placé entre un ministre vertueux,

intègre, dévoué, aimant sa patrie, connu par ses actes, et un intrigant cupide, vaniteux et sans passé, n'hésita pas une minute : il opta pour le fourbe. Digne hommage rendu à de grands services !

Des lettres patentes qu'on eut soin, malgré leur nom même, de tenir secrètes, accordèrent le gouvernement d'Orléans aux sieurs d'Entragues ; Villeroy fut exilé de la cour, et, ce qui coûta le plus à son noble cœur, ce fut de voir entraînés dans sa disgrâce son ami Pomponne de Bellièvre et les deux secrétaires d'État Claude Pinart et Pierre Boulart.

Cette faveur insigne, qui n'avait même pas reculé devant l'injustice, aurait dû, ce semble, commander un attachement sérieux. Il n'en fut rien. Il est vrai de dire que des natures aussi mobiles devaient être très friandes de fruit nouveau ; puis, lorsqu'on est avide, n'espère-t-on pas toujours recueillir quelque chose dans tout mouvement qui pour un instant, suspend le fonctionnement

régulier des choses ? Aussi les d'Entragues
furent-ils les premiers à se rallier au pa-
nache blanc du roi de Navarre, suivant en
cela l'exemple de leur parent, par accident,
du comte d'Auvergne. Celui-ci, commandait, en effet, plusieurs compagnies de cava-
lerie aux combats d'Arques et d'Ivry.
D'ailleurs Henri IV, dès l'abord, se montra
disposé à continuer à ce célèbre bâtard, fait
comte de Clermont et d'Auvergne en 1589,
par Henri III, la faveur dont l'avait entouré
son prédécesseur. Il ne parut pas entaché
des mêmes dispositions, à l'endroit de la
famille d'Entragues, comme en témoigne
le mot que lui rappela Sully plus tard et
par lequel, à son entrée à Paris, il pria son
confident de chasser de la capitale les Balzac et toute leur séquelle. Pourtant, ce procédé un peu vif, mais qui peut-être eût eu
beaucoup de bon, ne fut évidemment pas
mis à exécution, puisque, au ballet qui se
dansa à Paris, à l'hôtel de la reine Catherine,
devant la duchesse de Beaufort, en 1598

reproduction de celui dansé la veille à Monceau devant le roi, les douze masques étaient Bassompierre, le comte d'Auvergne, de Joinville, de Sommerive, le Grand, Grammond, Thermes, le jeune Schomberg, Saint-Luc, Pompignan, Mérillac et Maugiron, qui prirent pour danser les branles Mesdemoiselles de Guise, Catherine de Rohan, de Luz de Villars, de la Pardieu, de Retz, de Bassompierre, de Haraucourt, d'Entragues, de la Patnère et de Morterade.

Le comte d'Auvergne, on le voit, était de toutes les fêtes ; il fut encore un des gentilshommes placés le plus près du roi lorsque, à la suite du traité de Vervins, Henri IV partit du Louvre pour se rendre à Notre-Dame, où devait avoir lieu une cérémonie solennelle à l'occasion de ce traité (21 juin 1598).

Et pourtant tous ces honneurs ne l'empêchaient pas de continuer de réelles gamineries. C'est ainsi qu'allant un jour à la foire avec le duc de Nemours, il y commit dix mille insolences, entre autres, de faire perdre son chapeau à un avocat de Paris, qui, de plus, fut roué de coups par un serviteur de sa maison.

Nous avons cru devoir nous étendre un peu sur tous ces détails pour mieux faire comprendre l'entourage d'Henriette de Balzac d'Entragues. Il est juste de penser que, dans un tel milieu, cette jeune fille, douée évidemment, par atavisme peut-être, de dispositions toutes particulières, avait fait de bonne heure une étude très approfondie de l'intrigue et de l'astuce ; qu'elle devait avoir une idée très peu nette de la vertu, quoique l'on dît couramment de sa mère, qu'elle était plus serrée pour ses filles qu'elle ne l'avait été pour sa propre personne. Mais il est grand temps que nous fassions plus ample connaissance avec Henriette elle-même

CHAPITRE II

*Comment Henri IV connut Henriette. Son établis-
sement à la Cour.*

Au printemps de l'année 1599, le 10 avril,
mourut chez Zamet, ce financier qui, questionné sur ses titres de noblesse, répondait :
Seigneur de dix-huit cent mille écus, Gabrielle
d'Estrées, duchesse de Beaufort, maîtresse en
nom du roi Henri IV. Aucun événement ne
pouvait arriver plus à propos, car ce prince
était sur le point d'épouser cette femme, ce
qui eût été une faute grave ; mais la chose
était bien résolue, puisque Brulart de Sillery
était parti à Rome, pour y conférer avec le
pape, sur la demande en divorce faite par le
roi de France, en sa faveur, contre Marguerite de Valois, son épouse. Un tel à-propos,

parut même si surprenant, qu'on ne put s'empêcher de croire à une action humaine ; Zamet fut soupçonné d'avoir empoisonné la duchesse ; pourtant, il est impossible de prouver cette assertion.

Cette perte plongea le roi dans un état de réelle prostration ; il disait, à qui voulait l'entendre, que la racine de son amour était morte, et qu'il ne vivrait plus désormais que pour son royaume, et cependant, malgré toute la sincérité absolue de ces paroles, un jour, dans une conversation, après avoir longuement rêvé, il avoua au duc de Retz qu'il était bien heureux que la duchesse fût morte, étant donné qu'il allait faire tant que de l'épouser, et, levant les yeux au ciel, il rendit grâce à celui qui lui en avait fait tant d'autres.

Mais la cour ne pouvait garder longtemps cette teinte mélancolique ; la foule de jeunes et brillants gentilshommes qui entouraient la personne royale, n'avait que le plaisir en tête, et la décence les obligeait à se contenir devant la douleur de leur maître. Aussi cette situation leur paraissait-elle intolérable, et tous ceux dont l'unique crédit provenait des services rendus à Henri, en ses plaisirs et pour satisfaire à ses voluptés, tous grands dénicheurs de femmes, grands débiteurs de contes pour rire, grands amateurs de banquets et de lieux de débauche, Fouquet la Varenne en tête, n'eurent de repos qu'ils n'eussent trouvé à distraire la douleur du roi par une nouvelle passion.

Il y avait à peine trois semaines que Gabrielle était morte, lorsqu'on découvrit la perle tant désirée. Une circonstance inespérée facilita la rencontre. Au bruit de quelques rumeurs dans le Midi, le roi témoigna du désir de se rendre lui-même sur la place ; les courtisans accueillirent cette nouvelle avec joie et l'on partit. Mais en traversant la Beauce, on conseilla beaucoup au roi de s'arrêter un moment au joyeux château de Malhesherbes, propriété de François de Balzac ; on lui glissa même à l'oreille

que ce pouvait bien être le repaire de fort
jolies filles, et l'indiscret piqua tant la curiosité du Navarrais, qu'il n'hésita plus à dévier
un peu de la ligne droite.

Henri IV, fin connaisseur, remarqua immédiatement Henriette. « Elle avait l'esprit du
« diable, c'était une flamme, vive, hardie,
« un bec acéré ; des rencontres et des ré-
« pliques à faire taire tous les docteurs. Elle
« ne lisait pas d'histoire, elle était trop fine
« et trop disputeuse. Il lui fallait de la théo-
« logie, mais aiguë, subtile, les concetti
« africains de saint Augustin. Cette dange-
« reuse créature, avec cela, était très jeune,
« svelte et légère, en parfait contraste avec
« la défunte, avec la bonté bonasse, ample
« déjà, de Gabrielle.

« Qu'elle fût belle, cela n'est pas sûr ;
« mais elle était vive et jolie. Le roi, qui
« croyait s'amuser et rire, fut pris. La fine
« langue, maligne et rieuse, ne ménageait
« rien et pas plus le roi. Son cœur malade
« blasé, et qui se croyait fini, revécut par les

« piqûres. Il la trouva amusante, puis char-
« mante. En réalité, il n'avait rien vu et ne
« vit rien de plus français. »

D'ailleurs, dès la première entrevue, on
fit bonne mine au roi. Henriette n'avait que
dix-huit ans, mais elle possédait déjà les
allures délurées d'une courtisane accomplie:
son esprit captivait sans que sa finesse lui
permît jamais de s'abandonner au point
d'oublier les combinaisons préméditées. Le
roi, le lendemain de sa visite, expédiait à la
belle le comte de Lude et Castelnau ; mais
d'Entragues lui fit répondre que, pour passer son ennui, il fallait qu'il vînt se divertir
à Malhesherbes, où l'on chassait beaucoup.
Henri vint s'établir au château avec dix ou
douze de ses gentilshommes, puis partit pour
le Hallier, tandis que Madame d'Entragues
allait à Cheraut ; le roi venait tous les jours
voir Henriette. C'est pendant cè séjour au
Hallier qu'un matin, dans la grande galerie,
le comte d'Auvergne, feignant de trouver
mauvais les assiduités du prince auprès de

sa sœur utérine, se prit de querelle violente avec Henri devant Sainte-Marie-du-Mont et Bassompierre. Le roi, à la suite de cette dispute, partit mécontent pour Châteauneuf, puis pour Orléans, où se trouvaient la maréchale de la Châtre et ses deux filles, deux beautés. Henri, malgré les efforts de ses courtisans, ne les vît même pas, et, le lendemain de la Saint-Jean, il revint en poste à Paris, où il descendit chez Gondy, parce que Madame d'Entragues logeait en face, à l'hôtel de Lyon.

Cependant le roi n'avait pas encore fini ses allées et venues. Un jour, le comte de Lude, venant trouver Henriette de la part de son amant, fut fort mal reçu par le père et le frère de la belle qui, le lendemain, partit avec eux pour Marcoussis. Le roi l'y suivit.

On voit, en somme, qu'Henriette avait soin de se trouver toujours sur le chemin de son amant. Mais elle avait sur lui l'immense avantage de posséder toutes ses facultés. Elle avait très probablement le plus grand

désir de devenir la maîtresse en titre du roi :
elle y gagnerait influence et profit, mais sûrement son cœur était aussi libre que faire se
peut.

Henri IV n'avait, en effet, plus rien de ce
qu'il faut pour faire naître une grande passion. Il n'avait rien de cette beauté hérédi-
taire chez tous les Valois, et Madame de
Limier, qui était habituée à Henri III, disait
de lui : « J'ai vu le roi, mais je n'ai pas vu
Sa Majesté. » Il grisonnait, des rides cou-
vraient son front et ses joues amaigries ;
l'amour n'aurait pu se nicher, disait Madame de Rohan, entre un nez et un menton
qui se mêlaient l'un à l'autre. De plus sa peau
avait une odeur repoussante, qui faisait dire
vulgairement qu'il sentait le bouc. Heureusement pour lui que sa bonne humeur, son
enjouement, son esprit, faisaient souvent oublier tous ces défauts.

La belle Henriette ne pouvait sérieusement
s'amouracher d'un pareil tendron. Aussi
établit-elle ses batteries au mieux absolu de

ses intérêts. Quand elle tint Henri à Marcoussis, elle le laissa prier, implorer, supplier; puis sembla céder, mais exigea une somme de cent mille écus ; c'était faire payer sa vertu un peu cher. N'importe, Henri n'en voulait pas avoir le démenti, il fit demander la somme à de Rosny, qui dut la lui fournir séance tenante, bien qu'il fût obligé, cette année, de faire fonds extraordinaire de trois à quatre millions pour le renouvellement de l'alliance des Suisses.

Mais Henriette ne s'en tint pas à cette condition. Elle recommença ses artifices; joignit la ruse à la subtilité et fit intervenir son père et sa mère à la traverse. Ils l'observèrent de si près, qu'il parut être hors de sa puissance de rencontrer un lieu commode pour l'exécution de ses promesses. Le roi la pressait pourtant beaucoup ; elle lui répondait que sa bonne volonté ne faisait pas défaut, mais qu'il fallait conquérir à cette idée son père et sa mère et trouver un moyen qu'ils ne la surveillassent plus si assidûment.

Un jour, elle dit au roi qu'elle les avait enfin
pliés à leur désir commun, mais qu'ils exi-
geaient, pour garantir leur conscience envers
Dieu et leur honneur dans le monde, que Sa
Majesté lui fît une promesse de mariage.
Elle avait bien essayé, ajoutait-elle, de les
faire se contenter d'une promesse orale ;
pourtant ils ne voulaient pas démordre à
moins d'un écrit, et cependant, continuait la
fine mouche, je leur ai bien fait voir que tout
cela avait même valeur; car il n'y a point d'of-
ficial suffisant pour contraindre un homme qui
a tant de courage et qui porte si bonne épée,
qui, d'un mot, peut lever trente mille hommes
bien armés et trente canons. Aussi, puisqu'ils
avaient tant à cœur cette formalité, le roi assu-
rait-elle, n'avait qu'à céder sans crainte, s'il
l'aimait autant qu'elle l'aimait, se contentant
en lui-même de savoir combien elle était
prête à satisfaire au moindre de ses désirs.
« Et sceut cette pimbèche et rusée femelle,
cajoler si bien le roy, le tourner de tant
de costez et gagner de telle sorte tous les

porte-poulets, cajoleurs et persuadeurs de desbauches qui estaient tous les jours à ses oreilles pour lui proposer qui un plaisir, qui un autre, qu'il se laissa enfin persuader à faire cette promesse, puisqu'autrement ne pouvait-il avoir l'effet de celle qui luy avait déjà tant cousté et luy avait tant de fois esté faite promesse. »

Voici, in extenso, le texte de ce marché honteux accepté par un père qui vendait sa fille :

« Nous, Henry IVme, par la grâce de Dieu, roy de France et de Navarre, promettons et jurons devant Dieu, en foy et parole de roy, à messire François de Balzac, sieur d'Entragues, chevalier de nos ordres, que nous donnant pour compagne demoiselle Henriette de Balzac, sa fille, au cas que dans six mois, à commencer du premier jour du présent, elle devienne grosse, et qu'elle accouche d'un fils alors nous la prendrons à femme et légitime épouse, dont nous solemniserons le mariage publiquement et en face

de nostre mère Sainte-Église, selon les solemnités en tels cas requises et accoustumées; pour
plus grande approbation de laquelle promesse
nous promettons et jurons comme dessus
de la ratifier et renouveler soubz nostre seing
incontinent après que nous aurons obtenu de
nostre Saint-Père le Pape la dissolution du
mariage d'entre nous et dame Marguerite de
France, avec permission de nous remarier
où bon nous semblera. En tesmoing de quoy
nous avons escrit et signé la présente au bois
Malesherbes, ce jourd'huy premier octobre
1599. — Signé : Henry. »

Le roi ne remit pourtant pas immédiatement
ce bel exploit entre les mains des intéressés.
Il avait pris pour habitude de consulter le
sage de Rosny sur toutes ses affaires petites
ou grandes, privées ou publiques, il ne se
départit pas cette fois de sa prudence.

Un matin donc, à Fontainebleau, il prit à
part son confident et l'entraînant dans la
première galerie, lui mit le papier en question entre les mains, ayant soin de se dé-

tourner comme s'il eût honte de le lui voir lire. De Rosny, après avoir lu, revint vers le roi, le papier plié dans ses mains ; Henri lui demanda ce qu'il en pensait; Rosny lui répondit qu'il lui fallait réfléchir avant que de se prononcer ; mais le roi le poussa à parler :

« Là, là, lui dit-il, parlez-en librement et ne faites point tant le discret ; vostre silence m'offence plus que sçauraient faire toutes vos plus contrariantes paroles : car sur un tel sujet, que je me doute bien que vous n'approuverez pas quand ce ne serait que pour les cent mille écus que je vous ay fait bailler avec tant de regret, je vous promets de ne me fascher de rien que vous me puissiez dire ; partant parlez librement et me dites ce qu'il vous en semble ; je le veux et vous le commande absolument. — Vous le voulez donc, Sire, reprit Rosny, et me promettez de n'en estre point en colère contre moy, quoy que je puisse dire et faire ? — Ouy, ouy, dit le roy, je vous promets tout ce que vous voudrez, car aussi bien pour vostre dire, n'en sera-t-il ny plus ny moins. »

Rosny, autorisé par ces paroles, déchira sans hésiter la fameuse promesse en disant : « Voilà, Sire, puisqu'il vous plait sçavoir ce qu'il me semble d'une telle promesse. — Comment morbleu ! dit le roy, que pensez-vous faire, je croy que vous êtes fou ? — Il est vray, Sire, reprit le sage confident, je suis un fou et un sot, et voudrais l'estre si fort que je le fusse tout seul en France. »

Le roi, furieux, redemanda vivement le papier, objet du litige. Rosny, persistant dans la voie qu'il avait prise, représenta à Henri combien un tel acte pouvait jeter le ridicule sur sa personne, puisqu'il avait dit tout haut des propos fort peu louangeux sur la famille d'Entragues du vivant de la duchesse. Il lui certifia que ces bonnes gens, malicieux avant tout, avaient la ferme intention de se servir de cet écrit. Enfin, il lui fit remarquer que jamais, dans ces conditions, Marguerite ni le Pape n'accepteraient un divorce.

Mais Henri avait la tête trop perdue pour croire un mot de tout cela. La conversation finie, il sortit rapidement de la galerie, demanda à Loménie de l'encre et une plume, écrivit à nouveau, en moins d'un demi-quart d'heure, la fatale promesse, descendit, monta à cheval et partit pour Malesherbes, où il s'était fait précéder dès le matin (tant il avait la ferme intention de poursuivre son équipée), par un exprès muni d'un billet ainsi conçu : « Mes belles amours, deux heures après l'arrivée de ce porteur, vous verrez un cavalier qui vous aime fort, que l'on appelle roy de France et de Navarre, titre certainement bien honéreux (honorable), mais bien pénible. Celui de votre subject est bien plus délicieux. Tous trois sont bons à quelque sauce qu'on veuille les mettre et n'ay résolu les céder à personne. »

Ce jour même, Henri remettait entre les mains de François de Balzac le fameux écrit et il en recevait immédiatement le paiement : la chambre d'Henriette lui fut ouverte.

De cet instant, Henriette d'Entragues remplaça complètement la duchesse de Beaufort, c'est-à-dire qu'elle passa maîtresse en titre. Ce qui ne signifie pas, certes, que le roi ne s'attarda pas par instant, auprès de quelqu'autre belle fille ; il aimait assez à glaner et les beaux épis attiraient toujours ses regards. Mais nous le verrons revenir constamment vers cette créature captivante, dont l'esprit mordant avait le talent de l'attirer par ses méchancetés mêmes ; toutes les boutades, toutes les disputes, toutes les conspirations furent vaines, les nuages passaient vite et le beau temps, revenant, trouvait Henri plus ardent que jamais aux pieds de la séduisante fille.

A l'automne, le roi rentra à Paris et établit sa maîtresse à l'hôtel de Larchaut. Elle ne tarda pas à devenir grosse, et plus l'instant de la délivrance approchait, plus les esprits sages s'inquiétaient ; car si la belle mettait au monde un garçon, la promesse écrite allait jouer un rôle grave. Heureusement, le hasard fut bon prince, il trancha la difficulté. Un jour, un orage effrayant éclata sur Paris ; Henriette, souffrante, était couchée ; le tonnerre vint tomber sur la maison qu'elle habitait, la foudre pénétra dans sa chambre et passa sous son lit. Cet accident lui donna une telle commotion qu'elle accoucha avant terme d'un enfant mort-né.

Il est à croire que ce contre-temps déplut assez à Henriette et à sa famille ; pourtant elle n'avait pas à se plaindre de la générosité de son amant, qui, pour la dédommager peut-être, lui offrit à ses relevailles la terre de Verneuil avec le titre de marquise. Claude Groulart prétend même que les revenus de Paris de l'année (1600) payèrent cette générosité.

Malgré cela, le caractère difficile d'Henriette ne tarda pas à se montrer ; souvent les deux amants se fâchaient avec une rapidité surprenante et, dès cette année même, une pareille affaire se présenta ; heureusement que Bassompierre était riche en expédients et qu'il sauva la situation par un bon mot. Voici le fait.

Bassompierre, très désireux de suivre Lesdiguières qui allait conquérir la Maurienne, en avait été empêché par le roi, qui l'avait retenu à son service. Il l'accompagne donc à La Rochette, puis à Grenoble ; en cet endroit Henri apprend que Madame de Verneuil arrivait à Saint-André-de-la-Côte ; il s'y rend immédiatement, ayant pour toute escorte Bassompierre, auquel il a fait prêter un des chevaux de son écurie. Ils firent la route d'une traite, si bien qu'une fois au but, ils étaient rompus, et il y avait de quoi.

Mais dès l'abord, le roi et Madame de Verneuil se brouillèrent au point que le roi, de colère, s'en voulut retourner sur l'heure, et dit à son compagnon : « Bassompierre, que l'on fasse seller nos chevaux. — Je dirai bien, reprit celui-ci, que l'on selle le vôtre, mais quant au mien, je me déclare du parti de Madame de Verneuil pour demeurer avec elle. » Et aussitôt Bassompierre fit tant et si bien pour accorder deux personnes qui, au fond, en avaient bonne envie, qu'il obtint gain de cause. L'on coucha à Saint-André, on attendit le lendemain, pour retourner à Grenoble, et encore le roi revint-il en compagnie d'Henriette. Ils demeurèrent sept ou huit jours à Grenoble et de là partirent pour Lyon, où la maîtresse du roi reçut l'hommage des drapeaux conquis dans la Maurienne sur le duc de Savoie. Le duc joua même le rôle de vaincu magnanime et offrit à Henriette un magnifique cadeau consistant en perles diamants et autres pierres précieuses.

CHAPITRE III

*Mariage florentin. — Arrivée en France de Marie
de Médicis.*

Cependant les ministres de Henri IV,
les gens sages de la cour, avaient vu naître
cette nouvelle passion du monarque avec le
plus grand effroi. La mort de la duchesse de
Beaufort les avait débarrassés d'un grand
souci ; la couronne de France, espéraient-ils,
ne viendrait plus se poser sur la tête d'une
courtisane ; c'en était fait, pensaient-ils, de ces
idées malsaines et pernicieuses pour le pays.
C'est au moment même où ces politiques sérieux se rassuraient ainsi, que prenait naissance l'amour de Henri IV pour Henriette
de Balzac d'Entragues ; aussi tous les ministres, Rosny en tête, apprirent-ils cette

nouvelle avec répugnance. Leurs craintes,
qui s'endormaient, se réveillèrent ; ils ouvri-
rent les yeux et suivirent avec une attention
inquiète tous les progrès que fit la passion
du roi ; quand ils le virent se plaire à l'entretien de cette fille, vraiment séduisante, au
point de venir la visiter tous les jours, ils
commencèrent à redouter une situation pareille à la précédente ; puis, lorsque la fameuse promesse fut signée, ils comprirent
que le même malheur était à prévoir. Aussi
n'eurent-ils de cesse qu'un réel empêchement mît fin à toutes ces prédispositions. Le
seul empêchement logique était la conclusion d'un mariage convenable au rang du
roi de France, et bien compris comme politique.

Ils arrêtèrent leurs regards sur une fille des
Médicis, de Florence. D'ailleurs, ce mariage
offrait l'avantage de leur permettre d'activer
les choses ; sans même avertir Henri, on
expédia à Nicolas Brulart de Sillery, alors en
Italie pour obtenir du pape le consentement

au divorce de Henri IV et de Marguerite, en
faveur de la duchesse de Beaufort, l'ordre
de faire la demande en mariage à qui de
droit, de discuter toutes les questions qui s'y
rapportaient et de continuer auprès du pape
sa mission, en se contentant de remplacer le
nom de la duchesse de Beaufort par celui de
Marie de Médicis. Brulart comprit à demi-
mot, et les négociations furent menées avec
beaucoup d'habileté et de promptitude. Le
pape, dans ces conditions, accorda très aisément le divorce demandé ; Marguerite, de son
côté, envoya tous les consentements néces-
saires. Bref, en un rien de temps, Henri IV
se trouva marié sans en être informé le moins
du monde. Il n'osa pas révoquer les pouvoirs
de ses agents ; les conventions furent arrêtées,
la dot fixée à six cent mille écus et le contrat
signé le 25 avril 1600, à Florence.

La marquise de Verneuil se trouvait à
Lyon, recevant les hommages des troupes
victorieuses qui revenaient de Savoie, lorsque,
pour la première fois, elle entendit parler de

ce mariage. Elle se mit dans une grande colère, et, sans tarder, elle quitta la ville et regagna Paris. Le roi prit la poste derrière elle ; mais il fut reçu avec force injures, récriminations, violences mêmes ; l'aimable maîtresse donna libre carrière à toutes les épithètes les plus grossières dont son vocabulaire était orné.

D'ailleurs, elle exhala sa colère par tous les moyens qui furent à sa portée et, pour commencer, elle s'en prit à Bellegarde, pair et grand écuyer de France, qui avait aidé au mariage florentin et qui, audacieusement, se fiant sans doute à sa réputation de bel homme, était venu lui débiter mille et mille fadaises dont il pensait l'apaiser. Non seulement elle l'écouta peu, mais à cette époque, par dépit peut-être, voire même par goût, car la belle ne se piqua jamais, je crois, d'être fidèle, elle acceptait favorablement les hommages du jeune prince de Joinville, futur duc de Chevreuse, dont elle était en l'instant très aimée. Or, elle excita si bien ce gentilhomme contre Bellegarde, qu'il poussa les choses jusqu'à entreprendre sur la vie de ce dernier. Un soir où le roi soupait à la ville, les deux adversaires se rencontrèrent à la porte même de la maison où se trouvait Henri IV. Bellegarde, dès les premières passes, fut blessé ; mais ses gens, à cette vue, se ruèrent sur le prince de Joinville, qui certainement aurait péri sans le secours de Rambouillet, jeune chevalier de bonne maison, qui, se jetant courageusement dans la mêlée pour sauver son ami, y gagna tant de blessures, que la mort fut imminente pendant quelques jours.

Le roi se montra très marri d'une semblable échauffourée, à tel point qu'il voulait punir le prince de Joinville, malgré qu'il descendît du Balafré en droite ligne (c'était son quatrième fils), et il défendit tous soins à Rambouillet. Mais le temps fut cette fois encore un grand pacificateur : Rambouillet fut si bien pansé qu'il en échappa ; la duchesse de Guise, mère du prince, et Ma-

demoiselle de Guise, sa sœur, le réconci-
lièrent avec le roi, bien qu'elles-mêmes
fussent peu disposées à pardonner à leur
parent, persuadées que s'il avait été amené
à ce combat avec Bellegarde, ce devait être
à la suite de quelqu'amour pour Madame de
Verneuil. En fin de compte, tout le monde y
mit du sien, et tout le monde se calma, y
compris la marquise.

Sur ces entrefaites, il fut de nouveau question d'aller guerroyer contre le duc de
Savoie, et le roi partit, sa maîtresse avec lui.

Mais il est probable que le duc avait suffisamment essuyé une première fois la vigueur
des armes françaises : il préféra venir au-devant de Henri IV. Tout se passa en galan-
teries multipliées ; le duc ne sut qu'imaginer
pour divertir ses hôtes ; il faisait naître les
fêtes les unes à la suite des autres, et le
caractère d'Henriette en devint moins maus-
sade : elle s'amusa fort. Les deux princes
s'entendirent sur toutes les questions capi-
tales ; cependant le roi et sa maîtresse re-

tournèrent à Paris sans attendre la signature du traité.

Et pourtant le mariage pour Henri allait bon train ; Henri IV envoya au duc Ferdinand de Médicis, oncle de sa fiancée, la procuration pour épouser Marie, et Bellegarde en fut le porteur, ce qui, par parenthèse, accrut encore la haine de la marquise contre ce gentilhomme.

Le 5 octobre, Ferdinand, grand duc de Toscane, épousait sa nièce au nom du roi de France.

Le cardinal Aldobradin, neveu du pape Clément VIII, célébra la cérémonie. Le duc de Florence, à cette occasion, fit voir sa magnificence ; il solennisa ce mariage par des festins, des bals, des carrousels, des courses de bagues et autres réjouissances, sans compter les comédies, dont une seule coûta, dit-on, soixante mille écus à représenter.

Le 13 octobre, la nouvelle reine quittait Florence, gagnait Livourne, où elle s'embarquait sur les galères de Florence et de

Malte, pour Marseille, qu'elle atteignait le
3 novembre.

Elle y était attendue par le connétable,
le chancelier, les ducs de Nemours et de
Ventadour, le duc de Guise, gouverneur de
Florence, les cardinaux de Joyeuse, de
Gondy, de Givry et de Sourdis, et plusieurs
des princesses et des plus grandes dames de
la cour. La grande duchesse de Florence, sa
tante, et la grande duchesse de Mantoue, sa
sœur, l'accompagnaient.

Sous pareille escorte elle s'achemina, de
fêtes en fêtes, jusqu'à Lyon, et entra dans
cette ville le 2 décembre. Tout y était pré-
paré pour la recevoir avec toute la pompe
utile, et elle fut accueillie effectivement de
la façon la plus solennelle, la plus grandiose:
le roi seul était absent. Il ne revint à Lyon
que le 9 décembre ; à onze heures du soir,
par un froid extrême, il était devant la porte
de la reine. Il y attendit néanmoins une
heure et demie avant qu'on ne la lui vînt
ouvrir, car il n'avait pas voulu annoncer son

arrivée. Il pénétra en habit de guerre dans la chambre où Marie allait se coucher. Elle se jeta à ses pieds, il la releva, s'excusa d'avoir trop tardé à se rendre auprès d'elle, l'embrassa et lui dit : « J'entends que vous me prêterez la moitié de votre lit, car je n'ai pu faire apporter le mien. » Et le mariage fut ainsi consommé. Néanmoins, quelques jours après, les cérémonies nuptiales furent répétées en grande cérémonie ; le cardinal Aldobradin, le même qui avait officié à Florence, alors légat pour la paix de Savoie, officia de rechef à Lyon, ce qui fit naître quantité de fêtes et jeux divers.

Quelle sorte de personne était la nouvelle reine ? Rien de très séduisant ; grosse taille, une figure épaisse surmontée de deux grands yeux ronds et fixes ; manières rudes sans aucune caresse, l'esprit terne et plutôt vulgaire, caractère acariâtre et plein d'obstination : telle était Marie de Médicis. Ainsi constituée, il n'est pas étonnant que Henri IV se soit montré peu satisfait, et l'on peut croire que, dès le lendemain de sa première entrevue, il exprima son mécontentement à quelques-uns de ses courtisans ; d'autant plus qu'il y avait eu déception : un portrait jadis envoyé, à l'époque où Marie n'avait que vingt ans, lui avait permis d'espérer beaucoup mieux. Quant à la reine, elle n'arrivait pas avec l'idée de s'efforcer de plaire au roi. Sa nature, à vrai dire, était plutôt indifférente ; mais sa froideur s'augmentait de l'idée que son époux était un ancien relaps ce qui signifiait gros pour une fille dont toute l'éducation avait été espagnole.

Enfin il paraîtrait que son odorat, fort délicat, s'effaroucha un peu des senteurs trop prononcées du bon roi, senteurs que les nombreux parfums dont elle se servait n'étaient pas arrivés à neutraliser. L'on voit donc que ces deux êtres n'étaient guère faits l'un pour l'autre et que ces deux natures, forcément antipathiques, se heurtèrent dès l'abord.

Aussi Henri s'attarda-t-il quelque temps

à Lyon, parce que la conclusion de la
négociation de Savoie le retenait ; mais le
traité de paix se signa le 17 janvier 1601
et le lendemain Henri galopait sur la route
de Paris, forçant son cheval, afin de venir
se refaire auprès d'Henriette d'Entragues,
dont la mine effrontée, les allures vives et
gracieuses, la langue acerbe, le caractère
gai, lui plaisaient bien davantage.

Après le départ du roi, Marie de Médicis
se mit aussi en route pour la capitale, avec
toute sa cour ; elle atteignit Nemours en une
traite, et Henri, courant soixante chevaux de
poste, l'y alla trouver et la mena à Fontainebleau. Ils y demeurèrent cinq ou six jours
et finalement arrivèrent à Paris le 9 de
février. La reine descendit tout d'abord à
l'hôtel de Gondy, elle vint ensuite loger
chez le grand financier Zamet et, enfin, prit
possession de son appartement du Louvre.
Le jour même de son installation, le roi pria
la duchesse de Nemours d'aller chercher la
marquise de Verneuil et de la présenter à la

reine. Cette vieille princesse, à cheval sur les usages et les convenances, fit tous ses efforts pour se débarrasser de cette corvée : elle s'excusa de ne pouvoir rendre au roi cet office, disant que cela lui ôterait toute créance auprès de sa maîtresse (elle avait été désignée pour être surintendante de la maison de la reine); mais le roi affirma sa volonté et, brisant avec ses habitudes de courtoisie, commanda rudement à la duchesse de faire ce qu'il avait ordonné. Force fut donc à Madame de Nemours d'amener à la reine la marquise de Verneuil. Marie, extrêmement étonnée de cette entrevue, se montra fort surprise et reçut Henriette très froidement; mais celle-ci, aidée de son naturel hardi, parla tant et se montra si familière qu'elle parvint enfin à engager une conversation.

D'ailleurs, une circonstance se présenta qui rapprocha les deux femmes : Henri avait désigné comme dames d'atour de la reine Madame de Richelieu et Madame de Guer-

cheville ; celle-ci fut agréée tout de suite ;
mais, à la place de Madame de Richelieu, qui
lui plaisait moins, Marie désirait faire nommer Léonora Dori, femme de condition
inférieure, qu'elle avait amenée avec elle de
Florence, qui depuis quelque temps déjà
était habituée à la servir et qui même avait,
par son caractère énergique, pris beaucoup
d'ascendant sur elle.

La reine fit auprès de son époux, pour
obtenir cette concession, des démarches qui
n'aboutirent pas ; alors, en désespoir de
cause, Léonora, au moins aussi intéressée
que Marie à la réussite du projet, songea à
s'adresser à la marquise de Verneuil ; elle
lui fit parler habilement, lui promit, si elle
faisait réussir l'affaire, de la « mettre en tel
pouvoir qu'elle voudrait avec la reine » et
la convainquit si bien qu'en quelques jours
la question était vidée ; Léonora Dori res-
tait au service de Marie de Médicis. Celle-ci,
très satisfaite de cette conclusion, fit bonne
mine à la maîtresse de son époux.

Puis, quelques jours après, l'on se rendit à Monceaux, pour présenter la nouvelle reine à Madame de Bar, sœur de Henri IV. En cet endroit, la belle rieuse, Henriette, qui toujours était à court d'argent, raconta à son amant qu'un prince, dont elle gardait le nom, consentait à l'épouser s'il voulait bien la doter encore de cent mille écus. Nous n'avons aucune donnée qui nous permette d'accepter ou de réfuter son dire ; toutefois nous sommes portés à croire qu'il y avait là une de ces finesses plaisantes dont elle avait l'usage pour faire comprendre combien une pareille somme serait la bien accueillie dans l'instant. En tout cas, Henri demanda à ses conseillers ce qu'ils pensaient d'une telle proposition. « Sire, répondit le chancelier Pomponne de Bellièvre, je suis d'avis que vous donniez cent mille beaux écus à cette demoiselle, pour lui trouver un bon parti. » Rosny ne fut pas de cet avis et prétendit qu'il était facile de parler de cent mille beaux écus, mais fort difficile de les trouver. Sur quoi Bellièvre, sans regarder son contradicteur, reprit : « Sire, je suis d'avis que vous preniez deux cent mille beaux écus et les donniez à cette belle demoiselle, et trois cent mille, et tout, si à moins, ne se peut, et c'est mon avis. »

Inutile de dire que le roi n'avait pas fait sa question sérieusement; il ne pensait pas le moins du monde à se défaire d'Henriette.

Ce voyage à Monceaux fut de très courte durée; l'on rentra dans Paris et là, le roi, lassé d'aller deux ou trois fois par jour chez la marquise, heureux de constater une bonne intelligence momentanée entre les deux femmes, commit la faute, blâmable au dernier chef, d'établir au Louvre la marquise de Verneuil : il y fit faire sa chambre. Ce voisinage ne tarda pas à rallumer la jalousie de la reine qui, d'ailleurs, sous main, était instruite par plusieurs complaisants des propos tenus sur elle par sa rivale : celle-ci parlait d'elle très librement, en effet, et le respect était totalement absent de ses discours; un de ses mots favoris consistait à la désigner par l'épithète de grosse banquière de Florence, mettant tout de suite en vue, de cette manière, le côté disgracieux de sa personne. La reine, fort mal embouchée également, répondait à cela en nommant toujours Henriette la courtisane, remplaçant ce mot par son synonyme le plus grossier. On voit donc que la bonne intelligence se perdait ; leur état de grossesses respectives, déclarées presque en même temps, ne fit qu'augmenter leur aigreur réciproque, et le roi se trouva fort empêché d'être bien avec l'une et avec l'autre. Pourtant il les visitait toutes deux, portant à la reine l'hommage dû à son rang ; mais il se plaisait davantage en la compagnie de la marquise. La cour se trouva, par ce fait, très divisée ; quelques-uns restèrent fidèles à Marie ; d'autres, en plus grand nombre, suivant en cela le parti du roi, étaient pleins d'attention pour Henriette ; beaucoup enfin, les plus roués, jouaient les deux personnages.

Cette fois encore ce fut un service rendu à Léonora Dori qui amena un rapprochement : celle-ci, certaine de conserver la faveur de la reine, s'était maintenue en même temps auprès de la marquise à force de présents. Cette fille désirait épouser Concino di Concini qui, lui-même, aspirait à sa main. Tous deux combinaient une affaire de bonne politique : nous savons déjà ce qu'était Léonora, une fille de basse condition, douée d'une grande volonté ; mais cet avantage de caractère ne suffit pas pour parvenir en une cour ; elle ne l'ignorait pas, et c'était un nom qu'elle cherchait en convoitant cette union. Quant à Concini, il était petit-fils d'un secrétaire d'État du grand duc Cosme ; mais, dès sa jeunesse, il s'était adonné à toutes les débauches imaginables ; il avait mangé tout son bien et s'était rendu si infâme, que la première chose que les pères défendaient à leurs enfants, c'était de fréquenter Concini. Une fois ruiné, il avait quitté Florence, s'était rendu à Rome et y

avait servi, comme croupier, le cardinal de
Lorraine ; puis, à la nouvelle du mariage
projeté entre Henri IV et Marie de Médicis,
il avait vivement regagné Florence, pour se
faire engager en qualité de gentilhomme suivant de la reine future.

C'est dans ces circonstances que Léonora
et Concini se connurent ; elle fut assez
habile pour attirer le jeune homme, qui, de
son côté, la comblait de prévenances, assuré
qu'il se croyait de trouver dans ce mariage
fortune et influence ; si bien que, sans beaucoup discuter, ce fut chose décidée.

Mais toutes sortes de difficultés vinrent
gêner les noces : le roi détestait Concini, les
gens de la maison de la reine le haïssaient ;
quant à la reine elle-même, elle n'osait faire
à Henri la demande nécessaire, craignant
trop d'être rebutée. Concini et Léonora,
fort ennuyés de ce contre-temps, se consul-
tèrent et convinrent que Concini ferait la
cour à la marquise de Verneuil. Immédiatement il se mit en demeure d'exécuter leur

plan et réussit si bien qu'il se vit admis chez Henriette à toute heure. Elle l'accueillait avec beaucoup d'affabilité, heureuse, du reste, d'obliger Léonora, afin de mettre un frein aux fureurs de Marie.

Une fois reçu intimement, le gentilhomme florentin supplia la maîtresse de faire trouver bon à son royal amant qu'il épousât Léonora. Tout d'abord elle fit quelque difficulté, n'ignorant pas l'aversion profonde de Henri IV pour ces deux personnes ; pourtant Léonora elle-même ayant insisté et lui ayant promis que la reine lui en parlerait, Henriette résolut de faire réussir ce mariage, qui, en effet, reçut bientôt l'assentiment du roi. Marie de Médicis en fut si reconnaissante à la marquise, qu'à cette époque elle la traita mieux que toute princesse ; tous les jours elle faisait prendre de ses nouvelles, et chaque fois qu'elle recevait un présent elle lui en faisait part. Le roi fut heureux de cette situation et ne regretta pas de l'avoir obtenue par un peu de facilité. Néanmoins, la cérémonie ne fut pas célébrée tout de suite ; il fallait attendre que les deux femmes fussent accouchées. Le 27 septembre 1601 Marie de Médicis mettait au monde le Dauphin, qui fut Louis XIII. Un mois après, Henriette de Balzac donnait le jour à un enfant mâle, que l'on appela Gaston, pour rappeler le nom de Gaston de Foix, l'illustre allié à la famille de Henri IV. Les couches terminées, on en finit avec le mariage de Concini et de Léonora ; puis on songea à préparer des réjouissances pour l'hiver. La reine organisa un ballet qu'elle étudia deux ou trois mois ; la marquise en fit partie, ce dont le roi se montra fort ravi.

Il récompensa d'ailleurs cette bonne intelligence, et à la mort de Madame de Bar, sa sœur, des deux maisons dont il avait fait cadeau à cette princesse, il offrit l'une, celle de Saint-Germain, à Marie, et l'autre, celle de Fontainebleau, à Henriette.

———

CHAPITRE IV

Brouilleries à la cour. — Conspiration du maréchal
de Biron. — Acquittement des complices.

Ces jours pacifiques se prolongèrent tout
l'hiver et même une partie de l'été. C'était
beaucoup pour les gens de cour, toujours
amateurs de discordes, car ils espèrent, dans
la tourmente, attirer à eux quelqu'épave. La
marquise, pourtant, n'était conciliante que
d'apparence, car sa maudite langue marchait
toujours; elle passait son temps en moqueries
contre la reine, se servait de son talent supé-
rieur à contrefaire pour imiter plaisamment le
ton de la reine, ses manières, son accent et son
idiome mêlé d'italien et de français ; le roi
riait de ces folies ; mais la reine, à qui on les
rapportait, était en fureur et demandait ven-

geance. Henri tâchait d'éluder : il ne voulait pas qu'on prît au sérieux des bouffonneries qu'il prétendait n'être faites que pour l'amuser. Marie, au contraire, insistait ; et, voyant que le roi la payait de défaites, elle croyait sa rivale préférée, éclatait en reproches et donnait publiquement des scènes d'humeur, de dépit, qui faisaient de vives impressions sur l'âme sensible du monarque. D'autre part, depuis qu'elle était mère, Henriette devenait de plus en plus exigeante, parlait souvent de ses droits et faisait sonner bien haut la promesse de mariage que lui avait signée le roi. Elle disait tout simplement qu'elle seule était la vraie reine de France, que la couronne lui appartenait de fait et que Marie n'était établie en sa place que par un principe d'usurpation. Bref, le volcan était fort en travail ; une jalousie de femme décida de l'éruption.

Peu de temps auparavant, le roi, très capricieux, avait, comme en passant, regardé une sœur de la duchesse de Beaufort, Julienne-Hippolyte d'Estrées, mariée depuis 1597 à

Georges de Brancas, marquis, puis duc de
Villars, bien qu'elle fût loin d'être une beauté
ayant les yeux petits et la bouche grande ;
mais toute jeune encore, elle attirait par sa
taille, ses cheveux et son teint. Madame de
Villars portait très grande envie à la marquise de Verneuil ; elle lui reprochait de
l'avoir dépouillée de la faveur du roi : le fait
est que si, à la mort de Gabrielle, Henri IV
se fut amouraché de cette dame, sa passion
ne serait pas sortie de la famille. A l'exception de cet avantage, tout à fait personnel, la
prétention de Madame de Villars n'avait
aucune raison d'être. Pourtant elle avait
résolu de ruiner la favorite, et elle était
femme à réussir, étant fort malicieuse ; malheureusement pour elle, elle eut affaire à plus
audacieuse partie.

Elle se fit présenter à la reine par Mademoiselle de Guise, sous un prétexte quelconque, et profita du moment propice pour
l'entretenir de ses projets. Marie, fatiguée de
l'arrogance d'Henriette, qu'elle était obligée

à coudoyer tous les jours, accueillit favorablement ces desseins, entretint en cette
humeur Madame de Villars, qui, en retour,
obtint de la reine un secret tel, que ni Léonora Galigaï, ni Mademoiselle de Guise ne
soupçonnèrent ce qui se passait. Quant à
Concini, il en eut vent ; mais, heureux de la
faveur dont il jouissait, il ne voulut pas se
mêler de tout cela de crainte de l'altérer.

Or donc voici ce qu'entreprit Madame de
Villars. Le prince de Joinville, que nous
avons vu très amoureux de la marquise de
Verneuil, l'était alors de cette dame. Elle en
profita pour le si bien « cajoler », qu'elle
obtint qu'il lui remettrait les lettres que la
marquise lui avait écrites, particulièrement
celles où elle se moquait du roi et de la reine,
tout en le traitant, lui, très favorablement.
Une fois ces lettres en mains, elle les fit voir
à Marie, qui eut peine à se contenir de joie.
Madame de Villars fut comblée de présents ;
puis on la poussa à mettre les fameuses
lettres sous les yeux d'Henri. Tout d'abord

elle n'y put consentir, connaissant le grand crédit de la marquise et se méfiant de son esprit ; mais la reine usa de toutes ses persuasions pour la convaincre, et la convainquit. Chacun s'étonnait de l'intimité de Marie et de Madame de Villars, Mademoiselle de Guise en tête, elle qui avait ménagé la première rencontre ; mais on se gardait bien de lui rien laisser deviner, puisque la réussite du complot devait ruiner son propre frère, le prince de Joinville.

Il se passa quelques jours entre la décision et l'exécution. Pourtant dès que Madame de Villars rencontra le roi à propos, elle le supplia de l'honorer d'un entretien particulier ; il ne s'y refusa pas ; elle lui donna sur-le-champ rendez-vous dans une église. Henri s'y rendit, fit sortir tout le monde de la chapelle désignée, et là, Madame de Villars lui fit lire toutes les lettres qui témoignaient de l'infidélité et du mépris de la marquise. Elle lui expliqua sa délation par les obligations qu'elle avait à sa bonté et l'amour qu'elle avait toujours eu pour sa personne. De pareils motifs n'avaient pu lui permettre de cacher plus longtemps à Sa Majesté l'outrage dont elle était l'objet, elle la maîtresse d'un si beau peuple, ainsi qu'à lui le plus honnête homme du monde.

Cette petite flatterie ne déplut pas au bon roi ; il était assez sensible à ces doux chatouillements, surtout lorsqu'on parlait de son mérite. Il remercia Madame de Villars de ses utiles avis ; mais, furieux au fond, il ne put longtemps se contenir : le jour même il pria un de ses confidents d'aller jeter des injures à la face de la marquise, en lui reprochant sa perfidie, et lui déclarer que jamais plus il ne viendrait la voir.

Henriette ne comprit pas immédiatement d'où venait cet orage ; elle eut néanmoins assez de force sur elle-même pour conserver son sang-froid devant le messager et répondit avec calme : « Comme je suis assurée de n'avoir jamais rien fait qui puisse offenser le roi, ainsi ne puis-je deviner pourquoi il me traite si mal. J'espère que la vérité me vengera de ceux qui lui ont donné de fausses impressions. » Et, sans ajouter d'autres paroles, elle se retira dans son cabinet, beaucoup plus troublée qu'elle n'avait voulu le paraître.

Cependant Bellegarde apprit l'affaire. A vrai dire, il n'aimait pas le prince de Joinville, mais il aimait Mademoiselle de Guise, sa sœur. Craignant donc le déplaisir qu'elle aurait de la disgrâce imminente de son frère, il la mit au courant du complot. Ils combinèrent sans retard un moyen de détruire tout l'effet de ces menées.

Le duc de Guise avait un secrétaire qui contrefaisait à la perfection toutes sortes d'écriture ; il fut convenu que le prince de Joinville soutiendrait que cet homme avait trouvé de l'écriture de Madame de Verneuil, et que lui, amoureux de Madame de Villars, tout heureux de faire plaisir à sa maîtresse, dont il connaissait la haine pour la marquise, avait prié ce secrétaire de composer une correspondance entre cette femme et lui, prince de Joinville.

Henriette, instruite de ce subterfuge, fit supplier le roi de lui permettre de se justifier. Henri IV hésita longtemps entre sa colère et son amour : ce dernier l'emporta toutefois, et il vint en personne écouter les raisons de sa maîtresse. Celle-ci sut si bien expliquer tout à son amant, qu'il lui pardonna complètement. Tout le monde ne jouit pas de cette amnistie : le prince de Joinville dut aller en Hongrie faire la guerre avec les Turcs, Madame de Villars fut congédiée chez elle, et le secrétaire enfermé en prison. Exemple recommandable aux donneurs d'avis inconséquents. Madame de Villars perdit ainsi par sa faute un amant qu'elle aimait, dut rentrer honteusement chez elle contre son désir et y gagna une ennemie dangereuse et puissante.

Durant tous ces démêlés, la reine, qui voyait la marquise perdue, avait laissé libre cours à sa haine. Elle avait fait, de son côté,

tous ses efforts pour contribuer à l'achever ;
aussi la discorde ne s'effaça-t-elle plus jamais.
La marquise, rétablie en son pouvoir, rendit
à Marie ainsi qu'à ses affidés tous les mauvais offices possibles et, de son côté, la reine
ne pouvait souffrir ceux qui voyaient Henriette : de là des rumeurs et divisions continuelles qui firent de la cour l'endroit le plus
fâcheux du monde.

Sur ces entrefaites éclata le complot de
Biron. Nous ne pourrions l'exposer dans
tous ses détails qu'en sortant tout à fait de
notre sujet ; aussi nous contenterons-nous de
l'indiquer sommairement, appuyant sur les
points utiles à l'histoire de Mademoiselle
d'Entragues.

Charles de Gontaut, duc de Biron, maréchal de France, fils d'un maréchal, était certainement un excellent général ; mais ses
talents étaient gâtés par une ambition démesurée. Depuis longtemps déjà il avait pris
l'attitude de mécontent : tout le monde
le savait à la cour, et à l'étranger on en

avait connaissance. Aussi ceux qui complo-
taient contre la majesté royale, cherchaient
tout de suite à attirer Biron vers eux, et une
fois déjà Henri IV avait dû pardonner, ce
que, d'ailleurs, il avait fait aussi généreuse-
ment que possible Mais il était si aisé de
surexciter Biron : il suffisait d'arriver à lui
prouver qu'à un instant quelconque on avait
manqué à ce qu'on devait à son mérite, immédiatement la poudrière prenait feu et les
meilleures résolutions s'évaporaient en fu-
mée. Or les Espagnols n'avaient pas encore
pris leur parti des défaites que Henri IV leur
avait infligées ; mais, convaincus de leur im-
puissance contre les armes françaises, ils
essayaient de lutter par des moyens détour-
nés ; à l'affût de toutes les divisions qui se
produisaient dans notre pays, ils tâchaient
de s'y immiscer et de fomenter la discorde.
Le duc de Savoie joignit ses efforts aux leurs
et ils eurent assez vite raison du reste de
patriotisme de Biron ; de simple partisan
hostile à Henri IV, il devint traître envers

son pays ; ce complot fut découvert en 1602.
L'année précédente, le roi avait pourtant
confié au maréchal l'ambassade d'Angleterre ; cet honneur ne l'arrêta pas, bien au
contraire ; c'est en cette occasion qu'il se lia
plus intimement avec le comte d'Auvergne,
qui avait été envoyé avec lui, et cet intrigant
hardi devint un de ses plus remuants complices. Pour donner une couleur de droiture
à sa complicité, le bâtard de Charles IX faisait semblant d'être très irrité du déshonneur
de sa sœur utérine et se posait comme récla-
mant des réparations. Il soutenait que Henriette devait être considérée comme reine de
France ; ce titre lui revenait de droit et son
fils devait seul être reconnu comme Dauphin.
Henriette fit-elle partie de cette conspiration ? se tint-elle à l'écart ? le point est con-
testé et très contestable, étant fort délicat.
Nous croirions volontiers qu'elle ne s'associa
pas de fait aux mécontents ; mais certainement elle ne fut pas sans connaître les motifs
invoqués par son frère, et elle le laissa dire.

Le comte, homme personnel avant tout, ne quitta pas cette fois son personnage, il invoquait des raisons soutenables pour se couvrir uniquement ; mais Henriette, dans le cas d'une réussite, se serait arrangée de façon à en profiter.

La complicité d'Henriette se limiterait, on le voit, à une acceptation tacite des desseins d'autrui : elle aurait très sûrement pu annihiler toutes les tentatives avant même qu'elles aient vu le jour ; mais cela, elle ne le voulut pas faire.

Quoi qu'il en soit, Biron fut découvert et arrêté ainsi que ses nombreux complices. Henri IV fit à plusieurs reprises des efforts pour amener ce guerrier, qu'il avait beaucoup aimé, à lui avouer son crime, décidé en ce cas à tout oublier et à tout pardonner ; mais son fol orgueil le conseilla mal : il ne voulut pas céder à ces instances, persista dans la voie qu'il avait prise, et nia énergiquement jusqu'à la fin. Sa culpabilité ne fut malheureusement que trop aisée à prouver

et, le 22 juillet 1602, il était décapité à la
Bastille. Biron avait été trahi par un des
siens, un nommé La Fin, qui livra tous ses
papiers ; il est remarquable que, dans l'ins-
truction du procès qui précéda la condamnation, on ne produisit que vingt-sept de ces
papiers, tous soigneusement choisis, non ceux
qui concluaient le plus contre le maréchal,
mais ceux qui ne parlaient que de lui. On voit
déjà percer dans ces mesures pleines de précautions, l'intention évidente de pardonner
aux complices ; c'est, en effet, ce que fit
Henri IV. Le comte d'Auvergne d'ailleurs,
sentant bien que ce qui avait perdu Biron
ç'avait été de ne pas faire d'aveux, prit la
voie inverse et raconta au roi en détail,
toute la conspiration. Cette tactique fut suivie
par tous les autres coupables et, le 2 octobre,
le roi, fidèle à sa promesse, les faisait sortir
de la Bastille, se contentant de leur montrer
l'abîme vers lequel ils penchaient, de leur
faire sentir la lourde faute qu'ils avaient
commise, en les exhortant à prendre garde

pour l'avenir. Tout le monde sentit dans ce facile pardon un acquiescement à un désir de la maîtresse omnipotente, désir qu'avait appuyé Henri de Montmorency, beau-père du fameux bâtard ; quant au peuple de Paris, une seule chose lui sauta aux yeux, ce fut l'injustice criante qui résultait d'une telle punition et d'un pareil acquittement ; sa verve, un peu lourde mais mordante au fond, se mit de la partie, et cette fois encore tout se termina par une chanson :

> O grand Dieu, quelle iniquité !
> Deux prisonniers ont mérité
> La peine d'un même supplice :
> L'un, qui a toujours combattu,
> Meurt redouté par sa vertu ;
> L'autre vit pour l'amour du vice.

Le mot vertu est certainement une exagération s'appliquant à Biron, mais le mot vice convient complètement au comte d'Auvergne. Ce fils d'un roi ne conseilla-t-il pas à Henri IV de ne pas trop ébruiter le pardon éclatant dont il l'honorait, afin qu'il lui fût possible de continuer en sous main ses intelligences avec l'Espagne ; mais, dès cet instant, au profit de la France. Cette proposition peu honorable révolta tout d'abord le Béarnais ; mais, après réflexion, il accepta ; nous verrons plus tard que l'autre ne sut même pas s'acquitter avec conscience de ce métier si bas.

La reine avait suivi très attentivement toute cette affaire, appuyant toujours sur les faits chaque fois qu'il s'en rencontrait qu'elle croyait capable de charger la marquise. Surexcitée par les éternelles revendications d'Henriette, au titre d'épouse légitime pour elle-même, et de Dauphin pour son fils, Marie de Médicis mettait plus d'ardeur dans l'expression de sa haine, déjà très vive naturellement. L'échec absolu qu'elle dut subir ne fut pas pour la calmer : les hostilités recommencèrent. Henriette, hautaine et triomphante, ne fit certes rien pour les éviter et le Louvre redevint un enfer, surtout pour le roi, qui, retenu d'un côté par les convenances, attiré de l'autre par sa passion, ne savait où donner de la tête.

CHAPITRE V

Année 1603. — Menées d'Henriette contre Sully. —
Préliminaires de la conspiration de 1604.

L'année 1603 débuta par une naissance.
Le 21 janvier, Henriette mit au monde une
fille, que l'on nomma Gabrielle. Ce fut pour la
maîtresse l'occasion d'une recrudescence de
faveur, qui se traduisit d'une manière très
effective par l'envoi au Parlement de lettres
de légitimation pour le fils que le roi avait
eu d'elle précédemment. Ce fils, nous le savons, avait été nommé Gaston de Foix, pour
renouveler la mémoire du célèbre Gaston de
Foix. Cette légitimation lui donnait droit de
posséder des biens, de recueillir des succes-
sions et de parvenir aux charges et aux dignités du royaume. Les lettres furent con-

firmées par un arrêt secret du Parlement, et enregistrées, le 18 février, à la requête du procureur du roi, et sept jours après, elles furent enregistrées par la Chambre des Comptes et déposées au greffe. Cette légitimation était autorisée par celle du duc de Vendôme, qui avait reçu de la tendresse du roi son père cette grâce, dont auparavant on n'avait point encore eu d'exemple.

Mais l'avide Henriette ne se trouva pas satisfaite d'un pareil avantage Elle profita de sa faveur pour faire quelque grosse demande d'argent, dont il faillit sortir de mauvais résultats pour Sully.

Peu de temps, en effet, après sa requête, la marquise vint trouver ce ministre pour activer la chose. Elle le rencontra au moment où il sortait de son cabinet pour se rendre au Louvre : il avait dans sa main un rouleau de papier. Henriette demanda à Sully ce que cela était. Le ministre lui répondit, presque en colère : « Ce sont de belles affaires, madame, auxquelles vous n'êtes pas des dernières. » Et, déployant le papier, il lui lut une liste de vingt ou vingt-cinq édits tous au détriment du peuple, avec le nom de ceux qui étaient intéressés à les voir passer : la marquise arrivait la sixième : « Eh bien, dit-elle à Sully, que pensez-vous faire de tout cela ? — Je pense, répondit-il, faire des remontrances au roi en faveur du pauvre peuple, qui sera ruiné si on lui impose de telles vexations, sans compter que le roi devrait renoncer à ses tailles, car il n'en aurait plus à recevoir. — Vraiment, reprit-elle, il serait par trop étrange de vous écouter, et de mécontenter tant de gens de qualité pour satisfaire à une de vos fantaisies ; pour qui voudriez-vous donc que Henri fût généreux, si ce n'est pour ceux qui sont inscrits sur ce papier, c'est-à-dire : ses cousins, ses parents, ses maîtresses ? — Tout cela serait parfait, Madame, repartit le ministre, si Sa Majesté puisait en sa bourse ; mais il n'y aurait pas de bons sens à songer lever cela de nouveau sur les marchands, artisans, laboureurs et pasteurs, qui, en somme, nourrissent et le roi et nous, et qui se contentent bien d'un seul maître, et n'ont que faire de tant de cousins, de parents et de maîtresses à entretenir. »

Henriette sortit furieuse de cet entretien. Elle alla directement trouver le comte de Soissons, qui était également compris sur la liste des intéressés, et ne se priva pas d'expliquer à sa manière la conversation qu'elle venait d'avoir avec Sully.

Celui-ci, entre autres choses, aurait dit que le roi n'avait que trop de parents et que lui et ses peuples seraient bien heureux s'ils en étaient débarrassés. Le comte de Soissons, déjà irrité de la lenteur que l'on mettait à satisfaire ses désirs, accepta avec complaisance ces attaques, il y mit même de la passion, et sur-le-champ un complot se trouva formé contre le ministre. Dès le lendemain matin le comte vint trouver Henri, il lui rappela ses titres et les services qu'il lui avait rendus, puis le supplia de lui faire justice de Sully, qui avait si cruellement offensé son honneur ;

que sa vie seule pouvait tout effacer. Le roi,
fort sage en cette circonstance, demanda à
Soissons de lui dire le nom de celui qui lui
avait fait ces beaux contes ; il s'y refusa.
Alors Henri lui répondit qu'il ne s'en rap-
porterait qu'à Sully lui-même.

Il envoie Fouquet la Varenne quérir son
ministre et conseiller intime, et lui demande
s'il est vrai qu'il ait tenu sur le compte de
son roi les discours qu'on lui impute. Sully
affirme n'avoir parlé de lui ni en bien ni en
mal depuis cinq jours, et n'avoir vu Soissons
depuis qu'il était venu demander des lettres
pour faire vérifier son édit des tailles ; Madame de Verneuil était bien venue le trouver
il est vrai, et ils avaient causé de ceux qui
requéraient des édits nuisibles au peuple ; il
s'était même élevé contre eux et avait déclaré
qu'il userait de tout son pouvoir pour les
empêcher de réussir ; la marquise s'était montrée fort mécontente de ce propos ; mais tout
s'était réduit à cela : le comte de Soissons
n'avait été nommé ni par elle ni par lui. A

peine cette explication entendue, le roi s'é-
cria : « Ho ! il ne se faut plus enquérir d'où
vient la brouillerie, puisque Madame de
Verneuil est alléguée ; car c'est un si bon bec
et si plein de malice et d'invention que, sur
le moindre mot que Rosny lui aura dit, elle
y en aura ajouté cent, voire mille ; mais, pour
tout cela, ne faut-il pas négliger cette affaire. »
Henri assura aussitôt Sully de sa grande
amitié et lui recommanda, par prudence, de
ne sortir qu'escorté, dût-il lui en coûter quelque chose, car il perdrait trop en le perdant.
Le roi affirma davantage encore la faveur
dont il honorait son ministre, en allant loger
chez lui en Normandie.

Bientôt la bonne intelligence cessa entre
Henri IV et la marquise de Verneuil. Le frère
de celle-ci, le comte d'Auvergne, avait profité de l'autorisation que lui avait donnée le
roi de continuer ses relations avec l'Espagne,
pour entretenir la cour de Madrid de tout
ce qui se passait à la cour de France, sans
rendre aucun service à son pays. Une des

premières histoires qu'il eût dévoilées à l'étranger, était celle de la fameuse promesse de mariage signée par le roi à Mademoiselle d'Entragues.

Henri fut instruit de toutes ces menées ; il sut que le comte d'Auvergne avait pour complices, La Trémouille, Bouillon, Lesdiguières, du Plessis et autres ; mais ce qui l'irrita fort, c'est qu'on lui apprit que les conspirateurs avaient l'intention d'entraîner le prince de Condé et Madame de Verneuil : celle-ci même ne ferait peut-être pas grande difficulté.

Ne sachant comment en sortir, le roi vint trouver un jour Sully à l'arsenal, l'attira dans la grande Galerie et le pria de lui fournir un expédient contre cette intrigue. Le confident demanda un jour pour réfléchir et, le lendemain matin, se fit annoncer chez Henri IV, qui le reçut de fort mauvaise humeur. Comme Sully s'en étonnait, il lui répliqua qu'il était furieux parce qu'on lui avait offert de lui montrer des lettres et de procurer des témoins qui prouveraient que Madame de Verneuil était pour ainsi dire gagnée à la mauvaise cause. D'un autre côté, Marie de Médicis, qui était instruite de tout cela, s'appuyait sur ces faits pour l'attaquer, pour l'accabler de reproches au sujet d'Henriette, pour le « picoter » sans cesse, et le presser de maltraiter sa maîtresse, afin d'en obtenir la reddition de la promesse passée au début de cette liaison. Henri IV eut volontiers réclamé ce papier, sans importance, au dire de plusieurs ecclésiastiques et d'Henriette elle-même, pour avoir enfin un peu de repos.

Aussi, le soir même du jour où Sully avait été si mal accueilli, le roi se rendait chez sa maîtresse, impatient d'arriver à quelqu'accommodement et de vivre en paix ; mais il se sépara d'elle avec plus de colère que jamais. Ne s'imagina-t-elle pas de poser pour la prude ! Elle invoqua, pour faire la fine, « la rusée et la rencherie », des motifs de dévotion, et lui refusa toutes les libertés aux-

quelles elle l'avait habitué, sous prétexte de
scrupules de conscience, qui dissimulaient
des amourettes avec certains gentilshommes,
qu'Henri soupçonnait. D'ailleurs, toute cette
soirée Henriette se montra arrogante et hautaine ! Son amant lui parlait des avis qu'on
lui donnait de sa participation au complot
tramé contre lui et l'État par son frère ; il
essayait de l'amener, par affection, à un aveu
qui l'eût absoute à l'instant. Elle répondit
que tout cela était absolument faux et qu'à
mesure qu'Henri vieillissait, il devenait si
soupçonneux et si défiant, qu'il n'y avait plus
moyen de vivre avec lui et que la plus grande
faveur qu'il pouvait lui accorder, serait de
ne la plus voir en particulier, puisqu'elle
n'en tirait aucun avantage, tandis que cela
l'environnait de haines nombreuses, tout spécialement de la haine de la reine, qu'elle qua-
lifia de telle façon que le roi faillit s'oublier
au point de la souffleter. Enfin, comme le roi
la priait de lui rendre la promesse de mariage,
elle lui dit avec insolence qu'il la pouvait

aller chercher ailleurs ; car, pour elle, jamais elle ne la rendrait.

Cette visite se termina par une séparation pleine d'aigreur. Le roi s'en montra fort fâché, car cet esprit alerte, toujours en éveil, fécond en reparties heureuses et gaies, lui plaisait infiniment, surtout vu la froideur et la lourdeur de son intérieur réel. Marie avait l'esprit le plus terne qu'il fût possible de rencontrer, et son caractère, éloigné de toute complaisance, sa mine dédaigneuse, sans caresse, éloignaient plus qu'ils n'attiraient.

A plusieurs reprises, Henri pria même Sully de faire comprendre à la reine, par occasion, la maladresse de sa conduite, qui était peu apte à le retenir auprès d'elle. Mais Marie de Médicis n'avait rien de ce qu'il faut pour être aimable.

Tout au contraire, Henriette ne savait repousser. Le roi ne pouvait se passer de voir cette femme attrayante, et bientôt il fit les premières avances. Il dépêcha de Fontainebleau Sigognes vers Sully, l'ayant muni d'un billet ainsi conçu :

« Mon amy, Sigognes vous dira mon intention, pour ce que je désire que vous disiez à Madame de Verneuil, outre ce que je vous dis dernièrement estant en ce lieu, mieux que je ne la vous saurais escrire ; car le discours en serait trop long : mais en un mot, *aut Cæsar, aut nihil.* Adieu, mon amy, que j'aime bien ; je me porte bien. Fontaine-bleau, 14 avril 1604. »

Sully avait accepté avec beaucoup de difficulté de se mêler de ces affaires ; mais, n'ayant pu refuser, sous peine d'irriter le roi, il se promit d'agir avec grande circonspection, se défiant de la finesse de la dame, finesse capable d'aller, en cas de besoin, jusqu'à nier des paroles réellement prononcées.

Aussitôt le billet précédent reçu, Sully se rendit donc chez la marquise de Verneuil, où il eut avec elle plusieurs conversations ; il écrivit immédiatement à Henri le compte rendu de cette entrevue, puis envoya chez Henriette un des commis qu'il employait, avec la lettre suivante, toute ouverte :

« Madame, j'écris en substance au roi tous les propos qui se sont tenus entre vous et moi, dont je vous envoie la lettre même (par cet honnête homme en qui je me fie), sans la fermer, mais recouverte d'une enveloppe bien cachetée, vous suppliant de la voir, de me mander si j'aurai bien exprimé vos conceptions, tiré nettement le sens de vos paroles ; si vous y trouvez à augmenter ou à diminuer, ou s'il y a quelques particularités sur lesquelles vous vous seriez absolument ravisée, comme ce ne serait pas peut-être le pis que vous pourriez faire, mon avis étant que vous y devez bien penser avant que je dépêche mon courrier, ce que je ferai sitôt que j'aurai reçu votre réponse, désirant qu'elle soit si prudente, que vous ayez retranché tout ce qui peut être trouvé mauvais d'une part, et apporter du repentir de l'autre.

Je vous baise les mains et suis votre serviteur. De l'arsenal, ce mardi, à midi. »

Sully, en remettant cette lettre et l'autre dont elle parle, à son commis, lui avait bien recommandé de ne point accepter de réponse orale. La marquise, après avoir lu la lettre cachetée, chargea le porteur de remercier le ministre et de lui dire simplement qu'elle la lui renvoyait de la même façon. Mais le commis, stylé, s'excusa sous ombre d'un défaut de mémoire, et la pria de lui donner un écrit, ce qu'elle fit après une longue contestation.

« Monsieur, disait-elle, j'ai vu la lettre qu'il vous a plu m'envoyer, laquelle je trouve telle que je l'eusse su désirer, dont je me sens extrêmement votre obligée et vous supplie de croire que je serai éternellement votre servante. Il me semble qu'il n'y a qu'une chose qu'il peut trouver rude, qui est ce que vous lui dites, que je le supplie de trouver bon de me voir quelquefois, mais sans aucune privauté ni familiarité particulière. Je vous conjure de mettre que je le supplie qu'il ne m'en demande point qui me puisse nuire ; cela se peut raccommoder en effaçant un mot, ou nommant celle que vous savez (la reine), comme vous saurez bien faire, s'il vous plaît ; vous baisant très humblement les mains, je vous supplie de me pardonner, si j'en use si librement ; mais je connais son humeur telle, que ce seul mot le ferait monter aux nues ; car tout ce qui se peut de familiarités, il les aura de moi lorsque je serai hors de crainte d'offenser et d'être offensée. Je ne vous puis dire autre chose sinon que je me sens si obligée en votre bonté qu'il ne se peut davantage que vous jurer que je suis votre servante de cœur et d'affection, vous donnant le bonsoir. »

Sully, au reçu de ce mot, fit dans la lettre cachetée le changement réclamé par Henriette et dépêcha au roi le même homme. Que contenait cette lettre cachetée, si mystérieusement promenée ? Rien d'autre, apparemment, que les conditions posées par Mademoiselle d'Entragues au roi, sur la demande faite par celui-ci de se remettre en bonne intelligence avec elle.

Henri IV lut par deux fois ce papier, tout en laissant échapper des signes de dépit et de courroux, puis grommela entre ses dents :

Eh bien ! elle le veut, et moi encore plus, à quoi je m'assure qu'elle ne s'attend pas et se trouvera prise en ses propres finesses. » Puis il écrivit à Sully la lettre qui suit :

« Mon amy, puisque Madame de Verneuil est résolue à ce que vous me mandez, je le suis aussi à ce que je vous ai dit. Lundi je lui manderai mon intention et ferai voir que j'ai plus de puissance sur moi que l'on ne dit, et ne pense pas que cette nouvelle ne trouble ses pensées, ce que je ne veux faire ces bons jours. Adieu, je vous ayme bien et me porte bien, Dieu merci. De Fontaine-bleau, ce 16 avril 1604. Henri. »

Le roi faisait tout simplement allusion à une séparation définitive. Rien pourtant n'était moins imminent, et, au fond, la marquise le savait bien, car sans cela elle n'eût pas agi ainsi, non qu'elle aimât Henri, mais enfin c'est quelque chose que d'être la maîtresse du roi de France.

En tout cas, celui-ci suivit sa réponse de quelques jours, et vint trouver Henriette qui, voyant sans doute son amant plus décidé à une rupture qu'elle ne l'eût pensé, chercha à se tirer par la ruse de ce mauvais pas. Elle déclara que les conditions qui irritaient tant le roi, n'avaient été ni écrites, ni dictées par elle, et que, de tous points, elles étaieut fausses. Sur quoi le roi, fort irrité, vint trouver un matin Sully à l'arsenal, au moment où ce dernier s'occupait de la fonderie ; il le prit à part et le tança vertement à propos de son *faux* écrit, qu'il le soupçonnait d'avoir fabriqué pour l'éloigner d'une personne qu'il n'avait jamais supportée. Dès que le ministre comprit le motif de cette colère, il quitta le roi, alla quérir la lettre de la marquise, qui reconnaissait, comme conforme à ses idées,

6

les conditions en litige, et la mit sous les
yeux de Henri, qui se trouva désarmé au
point de quitter son confident en lui disant
ces paroles, au moment où il fermait la por-
tière de son carrosse : « Adieu, mon amy,
faites dépêcher votre fourneau d'alleements ;
aimez-moi bien, car je vous aime comme un
très homme de bien, en la bouche duquel je
vois bien qu'il n'y a point fallace. Ainsi
quelque chose que je vous aie dite en arrivant,
si ne pouvais-je croire que la malice vînt de
votre côté, connaissant la franchise de votre
cœur et l'esprit extravagant et brouillon à
qui nous avions affaire tous deux, et néanmoins vous avez été bien avisé de prendre
une telle précaution, que vous me l'avez
montrée contre ses ruses. »

Sully, en effet, n'avait pas été trop prudent.

Henriette dut être quelque peu sermonée
par Henri ; mais nous connaissons la dou-
ceur dont il usait à son endroit, et certes, en
ce cas, ce refus d'accepter ces conditions

comme d'elle, pouvait, avec beaucoup d'indulgence, s'expliquer, de la part de la marquise, comme une façon de les repousser à la
seconde réflexion : le roi pardonna donc
tout.

Mais la reine ne vit pas ce rapprochement
du même œil, et Sully dut intervenir de ce côté
encore, sur la demande de Henri IV, qui lui
exposa ses chagrins domestiques. Marie de
Médicis promit d'écrire à son époux, en la
soumettant au ministre, une bonne lettre dans
laquelle elle exposerait ses griefs, ce qu'elle fit.
Elle déclara que surtout elle n'avait pas assez
de courage et de patience pour supporter
les paroles irrespectueuses de la marquise,
pour l'entendre mettre ses bâtards en comparaison des fils de France, pour apprendre
toutes les menées qu'elle ourdissait contre
l'État, d'un commun accord avec son père
et son frère, sans qu'on l'en punît.

Le roi accepta ces remontrances avec
amabilité, et il y eut un rapprochement entre
les deux époux. Ce fut une simple éclaircie :

bientôt la reine, instruite que le roi était très éloigné d'avoir abandonné la marquise, et que celle-ci réitérait ses propos malséants, ramena les temps orageux ; elle commença les hostilités en faisant répondre à un mot du roi oralement par le porteur du billet, ce qui fut pris pour une marque de dédain ; mais Sully ramena encore une fois la bonne entente avant de partir en Poitou, où il alla inspecter les finances.

Henriette ne se tint pas pour battue et usa de tout : ruses, jalousies, querelles, pour disjoindre les époux royaux, à quoi elle parvint aisément. La reine redoubla d'animosité contre la maîtresse. Celle-ci, se servant d'un moyen déjà vieux pour ranimer une passion affaiblie, refusa au roi toutes privautés, sous des prétextes religieux, affectant de vouloir mener le reste de ses jours en une vie austère et de vouloir se retirer aux Capucines : tous les jours elle faisait même dire une messe par le confesseur Archange, frère de son père, et y faisait assister une certaine

femme Boulencourt, ex-mignonne de Henri III,
et plusieurs autres personnes, qui abritaient
sous des apparences dévotes des menées malsaines.

De plus, elle eut ou parut avoir réellement
peur des colères de Marie de Médicis, et,
s'adressant au roi, le pria de l'autoriser à se
choisir un asile sûr pour elle et ses enfants.
Son frère, le comte d'Auvergne, plaida sa
cause auprès de Henri IV, qui accorda,
mais exigea, pour satisfaire son épouse, que
l'on rendît la fameuse promesse. Henriette
fit un peu de résistance et obtint par ce
moyen vingt mille écus, plus l'assurance
d'une charge de maréchal pour son père.
Mais la promesse fut remise au roi le 2 juillet 1604. Voici ce qui fut écrit au-dessous du
texte, tel que nous l'avons donné plus haut :
« Nous, soussigné, François de Balzac, sieur
d'Entragues, reconnaissons et certifions que
l'escript ci-dessus est le vray et seul escript
faict par le roy à notre supplication et ins-
tance au temps et lieu porté par iceluy et

depuis mis en nos mains, lequel nous avons présentement rendu à Sa Majesté en présence de Messeigneurs le comte de Soissons et le duc de Montpensier, Monsieur le chancelier, les sieurs de Sillery et La Guesle, procureur général, et Jeannin, conseiller au Conseil d'État. Fait à Paris le deuxième jour de juillet 1604. — Signé F. de Balzac. » Et plus bas : « Nous, soussignés, conseillers et secrétaires d'Etat de Sa Majesté, certifions ledit sieur d'Entragues avoir escript et signé de sa propre main la recognoissance et certification cy-dessus escripte. Faict au lieu, jour et an susdicts, en présence des princes et sieurs cy-dessus nommés, lesquels pour témoignage de ce ont signé les présentes. — Signé : Charles de Bourbon, Henry de Bourbon, Bellièvre, N. Brulart, de La Guesle, P. Jeannin, de Neufville et Potier. » Plus bas encore : « Collationné sur l'original par nous, soussignés, à Paris, le sixième jour de juillet. — Signé : de Neufville et Potier. »

CHAPITRE VI.

Conspiration du comte d'Auvergne.

Lorsque, cédant aux sollicitations de la
marquise de Verneuil, Henri IV lui permettait de se choisir un asile pour elle et pour
ses enfants, il se figurait qu'elle irait se réfugier en Angleterre, auprès de Edme Stuart,
seigneur d'Aubigni, comte de Lennox, son
oncle par alliance comme ayant épousé
Catherine de Balzac, sœur de François.
Mais telles n'étaient point les intentions
d'Henriette.

Nous avons vu que le comte d'Auvergne
avait eu soin de dévoiler à l'Espagne l'existence de la promesse de mariage : ce n'était
pas sans but ; il espérait intéresser suffisam-

ment nos ennemis aux affaires de sa sœur pour les amener à susciter quelques rébellions. L'Espagne, tout heureuse à la pensée d'une guerre de succession divisant la France, s'était montrée fort aimable, elle négociait avec les conspirateurs par l'entremise de ses ambassadeurs, Taxis d'abord, puis Balthazar de Zuniga, qui se servaient d'un Anglais nommé Morgan, chassé de son pays comme brouillon, lequel avait posté auprès de la marquise un aide du nom de Fortan, qui devait l'instruire de toutes choses sous couleur de lui enseigner la langue espagnole. Le roi d'Espagne engagea beaucoup la marquise à se réfugier elle et ses enfants dans son royaume : il lui promettait cinq cent mille livres de pension et des places fortes ; de plus, il marierait son fils à une infante et le ferait reconnaître comme Dauphin de France, n'hésitant pas, au besoin, à soulever partiellement ce pays ; le comte de Fuentès étant, s'il le fallait, résolu à y conduire les troupes qu'il commandait. L'on comprendra

dès lors que le comte poussât sa sœur à
demander au roi la permission de se retirer
en un lieu de repos, et qu'une fois cette permission accordée, il dirigeât ses regards
vers l'Espagne. Henriette devait d'ailleurs
se sentir portée elle-même vers ce pays, qui
lui parlait de conditions si avantageu-
ses. Les complices étaient nombreux ; on
nommait : de Bouillon, de la Trémouille,
La Chapelle, Moraise, Calveirac, Giversac,
Bremariques, Briganty, Broussat, Loubai-
gnac, Gripel, Saint-Vrese, Tajac, Lias,
Reignac Bassignac, Rodelles, Blanchart,
Bethut et autres, ainsi que le sieur d'Entragues, mais celui-ci très certainement
contre la volonté de sa femme, comme il
appert de cette lettre, écrite par la marquise
au comte d'Auvergne :

« Je croy que vous serez aussi estonné
que moi des furies de votre mère, qui semble
avoir le vent de ce qui se passe et dont les
picques ordinaires qu'elle a avec M. d'Entragues me font croire que vous luy en avez

dit quelque chose. C'est à vous d'y mettre
ordre et ne vous amuser plus aux cajoleries
du monde, puisque le temps nous surprenant, il ne serait plus à propos d'y remédier;
il faut une retraite solide : c'est le seul bien
de mon estre, lequel je cognois, et où je me
veux attacher. Que si vous estes d'aussi bon
naturel que je l'ay toujours cru, vous vous
y porterez, puisque vostre interest est lié
avec le mien en cette action, et que la dis-
position de sa santé m'y oblige.

« HENRIETTE. »

En somme ce complot était très sérieux et
très grave puisqu'il visait à un bouleversement complet de la France, bouleversement
qui ne s'appuyait sur aucun motif important,
sur aucune grande idée, et pour la réussite
duquel on introduisait l'étranger dans le pays.
Certains prêtent pourtant aux complices des
manœuvres plus traîtresses. Ils auraient eu
le dessein d'assassiner le roi tout simplement,
profitant d'un jour où il se rendrait chez la

marquise sous faible escorte, pour lui couper la gorge, puis ils se seraient défaits du Dauphin par un procédé analogue. Nous avons peine à ajouter foi à une pareille assertion, qui ne se vérifie par aucune preuve certaine : il y avait au fond, dans ce complot, plus de gens désœuvrés, plus de brouillons que de gens réellement mauvais ; il s'agit là d'ambitieux inutiles, toujours mécontents parce qu'ils se croient incompris et oubliés, toujours le nez au vent, flairant les affaires douteuses parce qu'ils ne sauraient se bien occuper, toujours désireux des renversements parce qu'ils espèrent beaucoup du nouvel ordre des choses, tous caractères fort dangereux parce qu'un meneur intelligent et malintentionné en a trop facilement raison ; mais enfin ce ne sont pas là des malfaiteurs. Qu'on nous dise que l'Espagne eût applaudi à un coup de ce genre, rien de mieux : c'était mettre la France dans une situation très précaire ; elle devait donc le désirer, parce qu'elle en aurait profité ; mais que cette manière de voir ait été partagée par les complices français, nous sommes convaincu du contraire.

Une des preuves les plus souvent invoquées contre notre opinion, c'est l'existence, jusque vers le milieu du dix-huitième siècle, sur la principale porte du château de Verneuil, d'une sculpture représentant Henri IV monté sur un cheval magnifique, attaqué par quatre hommes couverts d'armures, mais sans armes offensives. Il poussait vigoureusement son cheval, foulait aux pieds deux hommes, renversait le troisième d'un coup de botte et frappait du sabre le quatrième, qui voulait saisir la bride. La décoration de la scène marquait qu'elle avait dû se passer dans un bois et dans les taillis ; on voyait la tête de plusieurs aides qui accouraient au secours de leurs camarades.

Or rien n'indique exactement ce que ce groupe voulait représenter ; peut-être s'agissait-il d'une simple attaque de voleurs, peut-être était-ce une fanfaronnade de d'Entragues, ce dont il était bien capable, fanfaronnade entièrement fausse, ou fanfaronnade faisant, par allégorie, allusion au péril qu'il avait fait courir au roi.

Quoi qu'il en soit, Thomas Morgan, l'homme des allées et venues, le plus exposé de tous, ne tarda pas à être arrêté au bois de Vincennes, avec Fortan, son second, et le roi écrivait à Sully, en Poitou :

« Mon amy, je vous fais ce mot en attendant que dans deux jours je vous dépêche Escures, par lequel vous apprendrez que nous avons descouvert forces trahisons, esquelles le comte d'Auvergne et M. d'Entragues sont meslez, et des choses si estranges qu'à peine vous les croirez. — Saint-Germain. — Henri. »

La nouvelle de l'arrestation de Morgan n'était pas plutôt arrivée à la cour que le comte d'Auvergne, pris de peur, trouva un moyen de se quereller avec le comte de Soissons, afin de se servir de ce prétexte pour se retirer momentanément en Auvergne.

Le roi, auquel cette manœuvre n'échappa

pas, envoya au comte M. d'Escures, pour
tâcher de le ramener à la cour ; mais, dans un
premier voyage, ce seigneur ne réussit pas.
Dans un second, d'Escures partit muni pour
le vaincre, de lettres du roi ainsi que de la
comtesse d'Auvergne, son épouse. Le comte
d'Auvergne reçut le porteur à Clermont,
prit les lettres et les alla lire à l'écart ; puis,
revenant vers d'Escures, il lui demanda des
nouvelles de la cour. Celui-ci lui raconta tout
ce qui s'était passé précédemment, appuyant
avec intention sur l'emprisonnement de
Morgan, qui, interrogé, avait accusé et chargé
par sa déposition plusieurs grands seigneurs.
A ces mots le comte pâlit et parut absorbé
dans de graves réflexions ; d'Escures en conclut à la culpabilité évidente de son interlo-
cuteur et en profita pour lui donner en ces
termes un bon conseil :

« Monsieur, si vous avez eu intelligences
avecques Morgan, je vous conseille de mettre
de bonne heure la main à la conscience, pour
advertir le roy de tout ce qui s'est passé, et

de lui descouvrir tous ceux qui s'en sont meslez, pour vous faire obtenir vostre grâce, qui vous est fort nécessaire, veu les fautes passées, m'assurant que Sa Majesté vous recevra à mercy ; car, si Monsieur le mareschal de Biron eust voulu croire le même conseil que je lui donnay estant en Bourgogne, il l'eust obtenue. » Le comte parut comprendre la vérité de ces paroles, et il se décida à écrire au roi, en lui dévoilant tout le complot, découvrant tous les complices, y compris sa sœur, ajoutant même les noms de quelques individus auxquels il voulait nuire. Quant à venir trouver Henri, il fut impossible de l'y décider.

Sur ces entrefaites, Sully, très instamment rappelé par Villeroi, revint de Poitou ; Henri IV le mit immédiatement au courant de toute l'affaire, et ce fut dans cette conversation que le roi s'expliqua, avec son ministre, sur l'indulgence dont il avait si souvent fait preuve à l'égard du comte d'Auvergne. Sully, questionné sur ce point, répondit qu'il attribuait cette clémence à la passion d'un amant pour une maîtresse, sœur du coupable, puis à une mesure de prudence envers un bâtard de roi, puisque lui-même avait des bâtards. Mais Henri nia que toutes ces raisons fussent les bonnes ; il affirma s'être toujours montré indulgent, par l'espérance qu'il avait de ramener ainsi le comte dans la bonne voie et d'en tirer quelque chose, lui reconnaissant, malgré tout, d'éminentes qualités.

Mais, pour l'instant, cette discussion était un peu oiseuse, il fallait aviser au moyen de s'emparer du coupable ; Sully déclara avoir sous la main le personnage qu'il fallait pour cela, personnage qui ne demandait qu'à s'employer pour le roi, pourvu qu'il fût couvert par une commission du grand sceau. Le roi l'agréa : c'était le trésorier de Murat, pour qui Henri expédia, le lendemain, à son ministre, la commission utile, accompagnée de la lettre qui suit :

« Mon cousin, je vous envoye la commis-

sion et les lettres de cachet en blanc que le
trésorier de Murat vous a demandées pour
me faire le service que vous luy avez pro-
posé par mon commandement. N'ayant pas
esprouvé encore sa fidélité, je désirerais que
certaines choses lui fussent tenues secrètes.
Je fais en sorte de communiquer le tout à
Escures, qui pourra partir d'icy lundy ou
mardy, afin qu'il ait bonne intelligence avec
ledit de Murat, que l'un n'entreprenne ny tente
rien sans l'autre ; car s'ils faisaient autrement, ils gasteraient tout. Mon intention est
que ledit d'Escures essaye de faire venir par
deça le personnage sur le sujet que nous
avons advisé, devant que d'entendre à faire
autre chose, de quoi vous advertirez ledit
de Murat ; car, s'il veut venir, ce chemin
sera plus court et seur pour parvenir à notre
but. Pour cette cause, il suffira que ledit de
Murat arrive au pays trois ou quatre jours
après ledit d'Escures, et faut luy deffendre
expressément de découvrir sa commission
à qui que ce soit, que ledit d'Escures ne soit

d'accord avec luy de le faire ; d'autant que, s'il peut le disposer à venir, il ne faut pas que l'on sçache que j'aye donné, audit de Murat, ladite commission, laquelle je désire que vous portiez vous-mesme à Monsieur le chancelier, et que le sceau y soit mis en vostre présence, afin que nul autre en ait cognoissance que mondit sieur le chancelier.

« Fontainebleau, 14 août 1604.

« HENRY. — DE NEUFVILLE. »

On voit combien Henri IV tenait à ce que toute cette affaire transpirât le moins possible.

En Auvergne, d'Escures et de Murat firent des efforts inutiles pour convaincre le comte. Celui-ci se défiait du grand désir que l'on témoignait de le voir venir à la cour. Il disait préférer abandonner le royaume, surtout vu la honte de ses actions passées, qu'il lui fallait effacer par des services avant de réapparaître ; puis il était averti, par une personne digne de foi, que la cour n'était pas sûre pour lui et qu'il serait bien sot de faire comme le maréchal de Biron, qui eût mieux fait de ne pas abandonner sa Bourgogne. Bref, il ne voulait se rendre que si on lui mettait en main son pardon. De Murat insiste pour lui faire comprendre que sa condition est particulière, puisqu'il a tout avoué ; mais lui, il déclare connaître trop bien le sort qui lui est réservé à la cour ; l'échafaud l'attend, puisqu'il est mal avec tout le monde : avec le roi, la reine, les princes du sang, la marquise sa sœur, le grand écuyer. De Murat, ayant détruit une à une toutes ces raisons, le comte en revient à sa conclusion : il se rendra à la cour son pardon en poche ; car il se méfie de sa sœur, qui lui en veut à mort de ce qu'il l'a accusée ; la marquise, prétendait-il, était bien assez fine pour inventer quelque chose de vraisemblable et faire sa paix à ses dépens.

Il résista si bien qu'il fût impossible de le résoudre. Sully, en désespoir de cause, fit personnellement un dernier effort ; il lui

écrivit, comme jadis il avait écrit à Biron.
Mais cela n'eut pas plus d'effet.

Cependant les affaires se gâtaient : il
revenait au roi que le comte d'Auvergne
continuait ses intelligences avec l'Espagne,
et la complicité de la marquise devenait de
plus en plus évidente. Henri IV envoie La
Varenne à Sully, pour le prier de voir
Henriette, pendant que celle-ci dépêchait
elle-même Sigognes au ministre. Sully va
pour la voir une première fois, mais n'est
pas reçu ; Mademoiselle d'Entragues était
affligée ce jour-là d'une fluxion. Il y retourne
et cause longuement avec elle ; le roi lui
demande en somme : de ne plus avoir d'intelligences avec l'Espagne, de ne plus fréquenter des esprits qu'il déteste ; il lui per-
met d'être dévote, pourvu qu'elle le soit
réellement et non « par feintise, pour le
mieux piper et chérir d'autres plus que
lui » ; il exige qu'elle demande pardon de
ses... erreurs à l'égard de la reine, qu'elle
soit plus discrète dans sa manière de parler

de ses enfants ; moyennant quoi il oubliera tout et lui permettra de se retirer hors de France, pourvu que ce ne soit pas en Espagne.

Mais Henriette accueillit ces conditions avec sa fierté ordinaire. Elle remerciait le roi de sa bienveillance ; mais, en somme, elle voulait simplement assurer son sort, celui de ses enfants, de son père, de sa mère et de son frère ; elle craignait que la reine ne la poursuivît : c'est pourquoi elle préférait quitter la France ; mais pourtant elle ne voulait pas mourir de faim ; elle disparaîtrait de la cour et vivrait tranquille en France, si Henri lui assurait cent mille livres de rente, ce qui n'était pas trop, si l'on se souvenait de tout ce qu'on lui avait fait espérer jadis. Et là elle fit une allusion très directe à la promesse de mariage qu'elle avait dû rendre.

Le roi, en recevant de Sully le compte rendu de cette entrevue, fut fort étonné ; il renvoya Sigognes auprès de la marquise avec des ordres plus sévères, ordres qu'il prétendait avoir donnés la première fois, mais

que Sigognes n'avait pas exécutés de crainte
de fâcher Henriette. L'arrogante créature
ne voulut pas céder ; alors Henri IV,
fatigué, les nerfs en mouvement, se décida
à une résolution énergique. Il prit à Madame
de Verneuil ses enfants et les envoya à Saint-
Germain, tandis qu'il disgrâciait leur mère.
Ce fut un événement à la cour (fin septembre 1604).

Afin que tout le monde crût bien finie sa
liaison avec Henriette, le roi eut soin de
contracter, très ostensiblement et même d'une
façon assez scandaleuse, une nouvelle amou-
rette avec Jacqueline de Beuil, qu'il fit aussitôt comtesse de Moret. Il l'avait précédemment mariée, pour conserver les bienséances
exigées par la princesse de Condé, qui l'avait
élevée, avec un M. de Césy, espèce de sot
facile à tenir à distance : la condition du
mariage avait été que la première nuit
appartiendrait à Henri qui, d'ailleurs, eut
la gracieuseté d'offrir à M. de Césy la
chambre au-dessus de la chambre nuptiale,

essayant de lui faire entendre que, par ainsi, il se trouvait au lieu et place qui lui appartenait.

En même temps, Henri donnait l'ordre de s'emparer du comte d'Auvergne, par n'importe quel moyen, puisqu'aussi bien on avait tout tenté pour ne pas en arriver à cette fâcheuse extrémité.

CHAPITRE VII

Arrestations du comte d'Auvergne, du sieur
d'Entragues et d'Henriette de Balzac.

Le comte d'Auvergne se doutait bien du
danger qu'il courait ; la preuve en est évidente dans la manière de vivre qu'il avait
adoptée. Il avait quitté Clermont, et s'était
retiré, sous prétexte de chasser, à Vic, « mauvaise bicoque » située au plein milieu d'un
bois, ce qui lui permettait de passer tout le
jour dans la forêt. Il y avait pour compagne
Madame de Chataignerai, sa maîtresse, sorte
d'amazone fantasque qui l'idolâtrait et qui le
suivait dans toutes ses courses folles. Il y
avait bon temps que le comte cultivait cette
dame et qu'il hantait sa maison, située non
loin de Clermont ; mais, depuis qu'il avait des

craintes pour sa liberté, il ne se rendait plus chez elle : pour se voir les deux amants se fixaient des rendez-vous à la campagne le soir, dans les villages la nuit, ayant soin de ne jamais se rencontrer deux fois au même endroit. Le comte, de plus, postait en certains endroits, sur les routes, des valets avec des chiens ; sur les hauteurs des laquais faisaient sentinelle le cor de chasse en bandoulière, afin de l'avertir en cas de surprise. Malgré toutes ces précautions, malgré toute sa finesse, le coupable se laissa prendre à la ruse la plus grossière. La compagnie de chevau-légers du marquis de Verneuil, commandée par Philippe Eschalar, sieur de la Boulaye, et celle de Vendôme, commandée par d'Eurre, étaient alors en Auvergne, aux ordres du comte, qui s'en servait d'ailleurs pour venger les injures personnelles de sa maîtresse. On utilisa ces troupes pour s'emparer du bâtard ; d'Eurre annonça une revue, et paraisant croire que le comte devait se rendre bientôt à la cour, il le supplia d'assister à cette cérémonie militaire, afin de pouvoir certifier au roi le bon état de sa compagnie. Le comte ne soupçonna-t-il rien ou espéra-t-il pouvoir en réchapper? nous ne le savons au juste. En tout cas, comme on avait choisi pour lieu de rendez-vous une petite plaine située entre Nonant et Clermont, il partit le 9 novembre, après déjeuner, de la maison qu'il avait en cette dernière ville, maison dite de Boredon, et se rendit, monté sur un fort coureur écossais et accompagné de deux hommes, à l'endroit convenu. Il y trouva d'Eurre, dont les gens étaient déjà rangés, et Philbert de Nerestang, venu de Riom avec des soldats d'élite, et qui feignit de se trouver là, comme par hasard, de passage.

Dès que Nerestang aperçut le comte, il mit pied à terre. D'Auvergne en fit autant : ils s'entretinrent quelques instants, puis se remirent en selle, et d'Eurre vint prendre la gauche du comte, tandis que Nerestang conservait la droite. A un signal de celui-ci, un valet de pied grand et fort saisit tout à coup par la bride le cheval du comte, d'Eurre se jeta sur son épée, s'en empara et lui signifia qu'il l'arrêtait au nom du roi. Les deux hommes du bâtard voulurent mettre l'épée au poing, mais quatre arquebusades parties des rangs mirent leur courage en déroute, et deux soldats déguisés en valets de pied jetèrent brusquement le coupable hors de selle, le firent monter sur un mauvais cheval, celui du trompette, et, le même jour, on le conduisit d'une traite à Aigueperse.

Arrivé en ce point, le comte parut assez indifférent à son malheur ; mais il demanda en grâce à d'Eurre la permission d'écrire un mot à sa maîtresse, pour s'excuser d'avoir manqué cette nuit au rendez-vous. Cette satisfaction lui fut fort galamment accordée. Mais Madame de Chataignerai, femme très violente, en apprenant tout ce qui s'était passé, saisit les pistolets qu'elle portait toujours dans l'arçon de sa selle et jura que d'Eurre et le trésorier de Murat, qu'elle soupçonnait, ne périraient jamais que de sa main.

D'Aigueperse le comte fut conduit à Briare, où d'Escures l'attendait avec un carrosse ; puis on le mena à Montargis, où il prit le bâteau qui devait le transporter, par la Seine, à la Bastille.

La Chevalerie, lieutenant de Sully, vint au-devant de lui ; comme le comte, sans changer ses habitudes, continuait à « bouffonner, ca-préoler et sauter », cet officier, impatienté, lui dit qu'il ne s'agissait pas de lui faire jouer des figures de ballets, mais bien de tout autre chose. A la Bastille on l'enferma dans la chambre où Biron avait été détenu peu de temps auparavant ; ce souvenir lui arra-cha quelques larmes ; mais cette émotion fut courte. Bientôt il reprit son air serein et, se tournant vers Ruvigni, gouverneur du lieu, il lui dit plaisamment qu'il n'y avait pas à Paris d'auberge si mauvaise qu'il n'aimât mieux y coucher que dans cette maison.

Le sieur d'Entragues fut aussi capturé à l'aide d'une ruse. Il s'était enfermé avec sa

femme dans son château de Malesherbes,
d'où il avait soin de ne jamais sortir, se dou-
tant parfaitement que l'on mettrait des gens
à ses trousses. Henri IV fit mander Defunctis,
le prévôt des maréchaux, et lui fit part du
grand désir qu'il avait de se saisir de la personne de François de Balzac ; il lui offrit,
s'il en avait besoin, dix canons et cinq régi-
ments pour mener à bien cette affaire.

Defunctis sourit à cette proposition et
déclara au roi que d'abord il fallait plus
d'adresse que de force, et puis que, par son
moyen, il pourrait attaquer un coupable et
prendre un innocent, attendu que ce siège
en règle serait assez significatif pour pousser
d'Entragues à brûler les papiers qui le con-
damnaient et qui devaient excuser la violence
dont il était l'objet. Le roi fut contraint
d'avouer « qu'il n'était pas si habile à mes-
tier de prevost qu'en celuy de conquérant, »
et laissa Defunctis absolument libre sur les
moyens à employer, à condition qu'il n'en

parlât à personne, pas même à la reine, et que la chose fût terminée en quinze jours.

Le prévôt instruit dès lors un archer, qui fait le soldat estropié et, sous le prétexte d'une fausse jaunisse, s'attarde huit jours au village de Malesherbes, épiant tout ce qui s'y passe. Il remarque que les trois ponts du château sont toujours levés, excepté les jours maigres. Ces jours-là on abattait la planchette pour acheter du beurre frais et des œufs à quelques femmes qui en apportaient.

Defunctis eut dès lors trouvé son stratagème. Il envoie quérir à Jouy, chez le marquis de Sourdis, quatre habits de villageoise, et, arrivé lui-même à Jouy avec quarante archers, prend un guide qui le conduit directement au bois qui entoure le parc du château, retient cet homme par prudence et dresse son embuscade. Au premier jour de maigre il fait partir, déguisés en paysannes, quatre archers qui, de très bon matin, viennent au premier pont avec du beurre et des œufs.

Le cuisinier abat les planchettes ; mais, au lieu de lui présenter leur marchandise, les villageoises de rencontre lui mettent des pistolets sous la gorge, menaçant de lâcher la détente s'il profère seulement une parole. S'étant ainsi emparé de la porte, le prévôt accourt avec ses hommes, traverse la cour, gravit le perron, sur lequel il arrête le valet de chambre, qui descendait ayant laissé ouverte la chambre de son maître. Defunctis lui défend, sur la vie, de parler, et, accompagné de quatre archers, l'emmène avec lui après avoir posté huit hommes dans la salle d'armes et quatre dans l'antichambre. Arrivé à la chambre, il laisse ses gens à la porte et entre seul avec le valet ; il y attend une heure que le sieur d'Entragues s'éveille ; celui-ci entendant du bruit en ouvrant les yeux, se mit à crier : Qui est là ? Defunctis s'approcha et ouvrit lui-même les rideaux. On se rend compte de la surprise du sieur d'Entragues, qui se crut mort. Il fit immédiatement tous ses efforts pour gagner le prévôt, qui, n'y ayant nul égard, le pressait, tout en le consolant, de se lever et de s'habiller, après avoir fait toutefois visiter les poches de ses vêtements, gardant les papiers qui s'y trouvaient et lui rendant les clefs. Sitôt levé d'Entragues voulut fouiller dans une armoire creusée dans l'épaisseur du mur vis-à-vis de son lit et dissimulée par la tapisserie ; Defunctis s'y opposa. Le sieur supplia avec instances, affirmant qu'il voulait uniquement retirer un bail de bois qui, s'il ne le délivrait sous trois jours, lui coûterait vingt mille écus ; l'officier fut inflexible. François de Balzac tenta de le corrompre en lui offrant une cassette renfermant cinquante mille écus de pierreries, avec promesse de ne jamais le trahir s'il acceptait, mais tout au contraire de lui en être éternellement reconnaissant.

Le prévôt ne céda pas davantage, mit partout les scellés, laissa au château une garnison et emmena à Paris son prisonnier ; il fit avertir à la hâte le roi, qui ordonna de le diriger immédiatement sur la Conciergerie,

où il fut conduit le samedi 11 décembre, par
Defunctis. D'Entragues était dans un coche
fermé, que Marcousis, son fils, accompagnait
à cheval tout seul, sans suite d'aucune sorte.
Arrivé à la prison, on le laissa quelque temps
sans feu ni lumière, puis on l'installa plus
confortablement.

Quant à la marquise, elle habitait alors au
faubourg Saint-Germain ; le roi chargea de
l'y garder à vue le chevalier du guet, qui
établit sans tarder des gardes et des archers
chez elle.

Henriette ne parut pas s'émouvoir de
toutes ces mesures, et elle conserva son langage piquant et moqueur : que lui importait
de mourir, disait-elle, puisque c'était son
plus cher désir ? mais si le roi la menait à
cette extrémité, il lui faudrait essuyer les sar-
casmes de tous ; on l'accuserait toujours
d'avoir fait mourir sa femme, car certainement elle était reine avant l'autre. Au surplus, elle ne demandait que trois choses à
Sa Majesté : un pardon pour son père, une

corde pour son frère et une justice pour elle.

Le roi fit fouiller et inventorier tous les papiers de la marquise ; on y trouva un nombre infini de petits poulets amoureux de toutes provenances et particulièrement de Sigognes, ce qui même amena la disgrâce de ce personnage, car il en ressortait jusqu'à l'évidence qu'il était le favori du moment.

Henri IV fit également fouiller les papiers du sieur d'Entragues, et ce fut encore le prévôt des maréchaux que l'on chargea de cette besogne. Defunctis alla demander à François de Balzac ses clefs, qu'il lui avait laissées, comme nous l'avons vu, à l'époque de l'arrestation ; de plus, pour éviter qu'on lui reprochât d'avoir supposé quoi que ce soit, il exigea de ce seigneur la nomination d'un homme à lui en présence duquel il ouvrirait l'armoire et examinerait les papiers. D'Entragues désigna son secrétaire, Gontier.

On découvrit des papiers de toutes sortes, mais surtout une liasse très importante, comprenant cinq pièces : 1° le chiffre du roi d'Espagne ; 2° une lettre adressée au sieur d'Entragues et signée : « Yo el Rey » ; 3° une lettre pareille adressée à la marquise de Verneuil ; 4° une également au comte d'Auvergne ; 5° enfin une lettre signée de même, portant promesse du même roi à François, avec serment solennel, que s'il lui livrait la personne de M. de Verneuil, il le ferait reconnaître pour Dauphin et pour vrai et légitime successeur de la couronne de France ; lui donnerait cinq forteresses en Portugal, avec un gouvernement honorable et cinquante mille ducats de pension ; qu'il donnerait aussi deux places fortes au sieur d'Entragues et au comte d'Auvergne, et à chacun vingt mille ducats de pension, leur réservant en sus aide et assistance en cas de besoin.

Tous ces papiers furent remis au roi, paraphés de la main de Gontier. Henri reconnut avec un certain plaisir les chiffres d'Espagne et il renvoya toute l'affaire au Parlement, tant pour le mécontentement qu'il en avait que pour faire un exemple qu'il jugeait utile à effrayer les ennemis de la France.

Ces trois arrestations firent beaucoup de bruit à la cour, et la famille, désolée, vint se jeter aux pieds du roi ; mais, malgré les hommes importants tels que le comte de Ventadour, le duc de Montmorency et autres qui imploraient, Henri fut inflexible, il paraissait décidé, cette fois, à laisser la justice avoir son cours.

La comtesse d'Auvergne, femme du bâtard de Charles IX, femme douce et tendre, vint en larmes demander la grâce de son mari. Mais Henri, l'ayant fort courtoisement relevée et saluée, lui dit : « J'ai pitié de votre misère et de vos larmes. Mais, si je vous octroye ce que vous me demandez, il faudrait (prenant la reine par le bras) que ma femme que voilà fut déclarée p...., mon fils bâtard et mon royaume en proye. »

Il permit pourtant à la malheureuse femme d'envoyer de sa part visiter son mari ; elle lui fit demander ce qu'il désirait d'elle ; ce

misérable, pour toute réponse à des instances
si affectueuses, lui fit dire « qu'elle lui fit
seulement provision de bon fromage et de
moutarde, et qu'elle ne s'empêchât d'autre
chose. » Il est impossible de se montrer plus
grossier.

Dès le début de 1605, durant même les
danses et les mascarades qui toujours com-
mençaient l'année, on travailla au procès du
comte d'Auvergne et de ses complices, avec
d'autant plus de diligence que la reine se
portait comme partie, que le roi, pour ne la
pas irriter, ne témoignait pas moins de chaleur qu'elle, et que le Parlement y mettait
autant d'activité que faire se pouvait. Mais
les intentions de ces trois puissances étaient
très différentes : la reine voulait flétrir une
maîtresse du roi, afin d'inspirer de la crainte
à celles qui, à l'avenir, voudraient occuper
cette place ; le Parlement poussait l'affaire
avec vigueur, en grande partie pour plaire à
Leurs Majestés ; quant au roi, il était bien
loin de vouloir déshonorer sa maîtresse, pour

laquelle il se sentait encore du penchant ; mais il souhaitait un arrêt fulminant, capable de ployer cet esprit altier qui, depuis trop longtemps, le traitait en inconnu et opposait sournoisement à ses plaisirs la crainte de Dieu et les défenses de son confesseur.

CHAPITRE VIII

*Procès du sieur d'Entragues, du comte d'Auvergne
et d'Henriette.*

L'informé du procès, nous l'avons vu, avait été renvoyé au Parlement. On nomma des commissaires spéciaux à cette affaire : ce furent Achille de Harlay, premier président ; Étienne de Fleury et Philbert de Turin, conseillers. Le comte d'Auvergne, interrogé tout d'abord, refusa de répondre, s'autorisant, pour garder le silence, des lettres d'abolition et du brevet que le roi lui avait accordés. Pour détruire ces prétextes, la Cour dépêcha au roi l'avocat général Louis Servin, avec mission de représenter à Sa Majesté que le comte en était à son troisième crime de lèse-majesté et que par cela même il s'était rendu indigne de tout pardon ; qu'un excès de bonté ferait espérer l'impunité aux plus grands scélérats et que, si l'on ne donnait un exemple éclatant de sévérité, la personne sacrée du roi, la reine et le Dauphin, de la conservation de qui dépendait le salut de l'État, ne seraient pas en sûreté.

Henri ne fut pas difficile à convaincre ; il commençait à être personnellement fatigué des facéties intrigantes de son beau neveu, et il répondit au long plaidoyer de Servin en déclarant qu'il n'avait donné le brevet et les lettres invoqués que dans l'espoir de gagner l'accusé, et qu'aussi actuellement, loin de s'y opposer, il exigeait que l'on continuât l'interrogatoire d'après les lois du royaume.

La Cour s'appuya de ces paroles pour rendre un arrêt ordonnant au comte de subir l'interrogatoire, sans aucun égard pour toutes les raisons qu'il donnait pour s'y soustraire ; à défaut de quoi, l'on se passerait de ses réponses et on le considérerait comme convaincu des faits qui lui seraient imputés.

La commission, cependant, commença son travail par l'interrogatoire du sieur d'Entragues. Il fut questionné à trois reprises différentes, et dans toutes ses réponses on sent la préoccupation constante de décharger la marquise sa fille. Il déposa dès le début entre les mains des commissaires un écrit qu'il avait déjà fait parvenir au roi à Saint-Germain-en-Laye, le 24 juin précédent ; il y rappelait ses services passés, le peu de récompense qu'il en avait obtenu, et le désarroi dans lequel il s'était trouvé pour caser sa famille. « Dès que la guerre a été finie,
« disait-il, quel a été le prix de mes travaux ?
« On m'a ôté le gouvernement de l'Orléa-
« nais, pour le donner à un autre, sans
« m'accorder le moindre dédommagement.
« J'ai dissimulé mes chagrins, et, quelque
« raison que j'eusse de me plaindre, ma
« douleur est restée dans le silence. Pour
« réparer les pertes qu'avait souffertes ma
« famille, et y trouver un remède que j'avais
« inutilement attendu de la bonté du roi, je

« me retirai dans mes terres, où, accablé
« d'années et de maladies, je ressentis encore
« les plus cruels coups d'une aveugle for-
« tune. Ma fille, l'unique consolation de ma
« vieillesse, plut au roi, et ce dernier trait
« du sort vint mettre le comble à mes mal-
« heurs.

« Le chagrin augmenta mes maladies et
« des peines d'esprit encore plus violentes
« se joignirent aux maux que souffrait mon
« corps. Je me voyais exposé à toutes les
« railleries des courtisans ; et ce qui fait or-
« dinairement le plaisir des pères et qui devait
« faire la gloire et le bonheur de ma famille,
« était au contraire la cause de ma honte,
« du déshonneur de ma maison, et des mé-
« pris outrageants dont on m'accablait.

« Combien de fois ai-je très humblement
« demandé à Sa Majesté la permission de me
« retirer d'une cour dans laquelle j'étais ou
« méprisé ou odieux ? j'ai été refusé ! Comme
« le mal augmentait, j'ai prétexté une ma-
« ladie pour faciliter mon congé ; j'ai voulu

« sortir du royaume, prêt à laisser ma femme
« et mes enfants ; mais toutes mes prières
« ont été inutiles. Dans la suite, sur quelques
« soupçons dont je ne sais point la cause,
« on me refusa avec plus de cruauté ce que
« je demandais avec tant d'ardeur, et l'on
« m'ôta ce qui, dans ma mauvaise fortune,
« pouvait me consoler et me soutenir : on me
« défendit enfin de voir ma fille.

« Lorsque j'espérais quelqu'heureux chan-
« gement et que je comptais davantage sur
« la bonté du roi, la colère de la reine éclata
« et m'accabla d'un trait dont rien ne pou-
« vait me garantir. Le bruit courut alors
« que la marquise ma fille était dans un
« danger extrême et que l'implacable cour-
« roux de la reine s'étendrait aussi sur le
« père et sur les frères. Les discours même
« de Sa Majesté firent assez voir qu'elle était
« sensiblement offensée.

« Ma fille, pour prévenir l'orage, ne vit plus
« le roi que très rarement, se flattant que
« l'absence éteindrait peu à peu l'amour du

« prince, et qu'une retraite volontaire cal-
« merait l'esprit irrité de la reine. Pour moi,
« j'étais prêt non seulement de quitter la
« cour, mais encore de sortir du royaume.
« Il se présenta même une occasion qui m'y
« engageait. La fille du prince d'Orange,
« amie intime de ma fille, voulant aller en
« Angleterre, je lui offris de l'accompagner
« avec ma fille dans ce voyage. Le dessein
« était pris de nous arrêter quelques mois
« en Hollande ; nous devions ensuite passer
« dans la Grande-Bretagne, où j'ai pour pa-
« rents le duc de Lennox et plusieurs autres
« seigneurs. Ma fille en demanda la per-
« mission au roi et fit tout pour l'obtenir ;
« ses prières furent inutiles et l'on lui refusa
« absolument cette grâce.

« Cependant la haine qu'on portait à ma
« famille augmentait tous les jours. On nous
« menaçait ouvertement, et ma fille fut infor-
« mée des accusations que quelques seigneurs
« avaient formées contre nous. Elle alla sur-
« le-champ se jeter aux pieds du roi, et lui

« présenta, les larmes aux yeux, le péril
« dont elle était menacée, et la nécessité
« qu'il y avait de songer à la conservation
« des enfants de Sa Majesté. Sa douleur fut
« si éloquente que le roi en parut ému, et fit
« quelque attention à ses prières.

« Le comte d'Auvergne, frère utérin de
« la marquise, parut touché du danger qui
« menaçait sa sœur. J'eus à ce sujet plu-
« sieurs conversations secrètes avec lui seul
« et à l'insu de ma fille, parce qu'il nous
« parut plus à propos de lui cacher nos en-
« tretiens, que de renouveler ses douleurs
« dans de vaines délibérations.

« Lorsque nous songions au moyen d'évi-
« ter un péril qui nous menaçait également,
« Thomas Morgan, chevalier anglais qui a
« été agent de Marie, reine d'Écosse, et qui
« était mon ami, vint nous trouver, et
« demanda à me parler en particulier. Il me
« fit d'abord souvenir de notre ancienne
« liaison, et me dit qu'il avait des compli-
« ments à me faire de la part de Jean Taxis,

« ambassadeur d'Espagne. Vingt ans aupa-
« ravant j'avais fait connaissance avec ce
« ministre à Montereau-faut-Yonne, où j'é-
« tais alors avec le duc de Guise. Je ne refu-
« sai point l'entretien que me demandait
« Morgan, et je m'y rendis avec d'autant
« plus de raison, que je voulais approfondir
« une affaire qui m'était arrivée quelque temps
« auparavant.

« En effet, étant un jour à Cléry, près
« d'Orléans, un homme, qui se dit ensuite
« Espagnol, mais que je ne connaissais pas,
« et qui parlait italien, vint me trouver dans
« l'auberge où je logeais. Il m'assura que le
« roi d'Espagne l'avait envoyé en poste pour
« traiter avec moi sur la promesse de mariage
« que le roi a faite à ma fille. Raffis était entré
« dans cette affaire et avait fait de grandes
« promesses à Bernardin de Mendoze par une
« indigne supercherie. Guillaume Fouquet de
« la Varenne, que le roi a envoyé secrète-
« ment en Espagne, il y a dix ans, a connu
« par lui-même la fourberie de cet homme.

« A la persuasion de Morgan, j'allai pen-
« dant la nuit trouver Taxis, et je le vis au
« mois de novembre 1602. Nous renouve-
« lâmes d'abord notre ancienne connaissance.
« Il me parla ensuite de la Ligue, dont il se
« faisait gloire d'avoir été l'auteur. Les
« amours du roi avec ma fille et la promesse
« de mariage firent aussi partie de notre
« entretien. Enfin je lui parlai du courrier
« de Cléry ; il me répondit, avec un certain
« air ingénu, qu'il n'avait aucune connais-
« sance de cette affaire et reprit aussitôt la
« conversation sur la promesse du roi. Il
« voulut m'engager de la lui mettre entre
« les mains, ou du moins de lui en donner
« une copie ; mais je lui répondis que je n'y
« consentirais jamais, et que ma fille ne per-
« mettrait pas que je confiasse cette pièce
« à des étrangers. J'ajoutai même que Sa
« Majesté n'avait pas paru jusqu'ici se met-
« tre fort en peine de cet écrit. Voilà le
« précis du premier entretien que j'eus avec
« Taxis, dans la maison où il demeurait.

« Morgan ménagea encore une seconde con-
« versation, et je vis Taxis au mois de juin
« suivant, dans un endroit qui m'est inconnu.
« Le comte d'Auvergne y vint avec moi ;
« après nous être salués réciproquement, il
« demanda à Taxis des nouvelles du siège
« d'Ostende. L'Espagnol lui répondit que
« son maître aurait dompté depuis longtemps
« les rebelles des Pays-Bas, si le roi les avait
« soutenus, et n'avait fourni des secours
« d'hommes et d'argent à des peuples qui
« avaient osé prendre les armes contre leur
« légitime souverain.

« Le comte répliqua que, dans la guerre
« d'Espagne, les états généraux avaient
« donné au roi des puissants secours, et qu'il
« était juste qu'il lui rendît les sommes d'ar-
« gent qu'il lui avait prêtées, et qu'il les
« secourût, comme ils l'avaient fait : que
« s'il passait en Hollande un grand nombre
« de Français, quoique la paix fût faite avec
« l'Espagne, le roi n'y avait aucune part,
« puisque ses sujets y allaient sans ses ordres ;

« qu'il fallait imputer l'ardeur de la noblesse
« française à une antipathie qu'elle avait
« naturellement pour les Espagnols, et qui
« l'engageait à se jeter volontairement du
« côté de leurs ennemis.

« On parla ensuite des exercices violents
« (comme de la chasse et de la paume) qui
« faisaient les plaisirs du roi et qui étaient si
« préjudiciables à sa santé. Sur quoi Taxis
« dit que le roi qui, par son âge et son genre
« de vie, allait à grands pas au tombeau, lais-
« serait après lui un jeune roi d'Espagne,
« dont le courage et la puissance, soutenue
« par de grands capitaines et par la justice de
« sa cause, feraient trembler la France ; que
« son maître se vengerait alors des injures
« qu'il avait reçues dans les Pays-Bas et
« recouvrirait facilement ce qu'il aurait
« perdu.

« Ce discours ayant échauffé les esprits,
« Taxis commença à révoquer en doute la
« sincérité de la conversion du roi ; car, qui
« croira, dit-il, que Henri soit catholique.

« lorsque, sous ses yeux et sans y former le
« moindre obstacle, les sectaires se multi-
« plient tous les jours en France? Bien loin
« de l'empêcher, il leur accorde des lieux
« pour leurs prêches, et pour leurs assem-
« blées ; il leur donne des gouvernements ;
» il les comble d'honneurs ; il leur confie la
« garde de ses places ; et soit en paix, soit
« en guerre, les hérétiques occupent les pos-
« tes les plus éclatants de l'État. Le comte
« d'Auvergne ayant témoigné qu'il n'était
« pas du sentiment de Taxis, ce dernier
« ajouta que si le roi mourait, on ferait aussi-
« tôt une irruption en France du côté de la
« Savoie, du Piémont, de l'Espagne et de
« la Flandre, et qu'alors plusieurs seigneurs
« français prendraient la croix rouge. Le
« comte, pour approfondir ce dessein, lui
« répliqua qu'il n'était pas facile d'entrer en
« France de ces côtés-là, et que les passages
« étaient gardés ; mais qu'à la vérité, si une
« armée composée de dix mille piquiers et
« d'un nombre suffisant d'arquebusiers, avec

« dix pièces de canon, nous attaquait à l'im-
« proviste sur les frontières du Roussillon,
« le royaume serait dans un grand danger.
« Alors Taxis lui dit qu'un de ses souhaits
« serait de voir le comte d'Auvergne avec
« la croix rouge, et à la tête des troupes
« espagnoles. Le comte répondit que si le
« duc de Savoie se mettait alors en campa-
« gne pour appuyer cette entreprise, il ne
« doutait point du succès et qu'en peu de
« jours, il serait sur les bords de la Loire ;
« mais il ajouta aussitôt, comme fâché de ce
« qu'il venait de dire, qu'il aimerait mieux
« mourir que d'entrer dans un pareil com-
« plot.

« Tout cela se disait entre eux, sans aucun
« dessein, et seulement pour s'entretenir.
« J'étais présent à cette conversation et, pour
« la terminer, je dis que je ne voyais aucune
« apparence de guerre et que, suivant l'ho-
« roscope tirée par Côme Ruggieri, ces
« deux rois observeraient les derniers traités
« de paix. »

Telle était la manière dont d'Entragues racontait sa première entrevue avec l'Espagnol, dans le factum qu'il déposa. Il narrait de la façon qui suit, une autre rencontre ménagée par Morgan, et qu'il eut avec Taxis au moment où celui-ci était remplacé par Balthasar de Zuniga comme ambassadeur en France.

« J'attendis la nuit, pour aller chez Taxis,
« et le comte d'Auvergne m'accompagna.
« Après les civilités ordinaires, Taxis nous
« demanda si nous voulions voir Zuniga. Je
« le refusai d'abord, mais le comte m'y fit
« consentir. Zuniga, qui était dans la cham-
« bre voisine, entra aussitôt, et prit le comte
« en particulier. Pour moi, je restai avec
« Taxis, qui ne tarda pas à me parler de la
« promesse de mariage ; si, me dit-il, elle
« est conçue, comme quelques personnes me
« l'ont assuré, je vous promets dix mille écus
« de pension, qui sera payée tous les ans par
« avance. On vous comptera cette somme
« avant mon départ, et je prendrai de justes

« mesures pour vous la faire toucher dans
« la suite, je vous le jure, foi de gentil-
« homme.

« Je refusai ses offres, je lui protestai que
« je n'avais pas la promesse ni même la
« copie de cette pièce. Il me demanda encore
« si l'effet de cette promesse dépendait de la
« volonté des princes du sang, et de la dé-
« termination du conseil du roi. Je lui ré-
« pondis que la promesse était absolue, ou
« plutôt qu'il n'y avait d'autre condition
« que la naissance d'un fils. Taxis voulut
« aussi savoir, si ce qu'on débitait de la
« colère de la reine était réel, et si elle
« avait dit que, dès que le roi serait mort,
« elle ferait mettre en prison ma fille et son
« fils.

« On a, lui dis-je, fait à la marquise des
« rapports assez semblables ; mais je crois,
« ajoutai-je, que tous ces bruits sont faux.
« J'espère que cela n'arrivera pas, ou que
« je ne verrai point tous ces malheurs. Le
« roi vivra, sans doute, plus longtemps que

« moi. puisqu'il n'a que cinquante ans et que
« j'en ai soixante-trois. D'ailleurs, le comte,
« frère utérin de ma fille, et qui est dans la
« fleur de son âge, n'abandonnera pas une
« sœur qui lui est si chère. Taxis m'assura
« que je trouverais en Flandre une retraite
« assurée ; que dès qu'il serait arrivé en Es-
« pagne, il en parlerait à son maître, et qu'il
« en écrirait à Zuniga. Je remerciai Taxis et
« le priai de ne point trop s'intéresser pour
« moi, puisque je n'avais pas besoin de ses
« services. »

Comme on le voit, d'Entragues niait avoir
jamais eu l'intention de confier au roi d'Espagne la promesse faite par Henri, au sujet
de sa fille.

Ce mémoire déposé, l'accusé fut conduit
devant les commissaires, mais il refusa de
parler, déclarant que, pour bien s'expliquer,
il lui faudrait peut-être dire certaines choses
de nature à froisser le roi son maître ; il
refusa également de ratifier ce que pour-
raient dire et le comte d'Auvergne et Mor-

gan, déclarant ces deux individus de mauvaise foi et assez portés à aggraver les torts de la marquise de Verneuil.

Mais si ce prétexte déguisait une défaite, d'Entragues en fut pour ses frais d'imagination ; car le roi, informé, autorisa toutes les libertés de paroles. Dès lors, d'Entragues n'avait plus de motif pour garder le silence ; il parla, et ses raisons furent presque de tous points conformes à celles invoquées dans son mémoire ; il appuyait encore sur l'innocence de sa fille, et tâchait d'émouvoir son auditoire, en lui faisant sentir tout ce que peut amener de compromissions la tendresse d'un père qui voit sa fille perdue ; il donnait des détails plus complets sur les conférences qu'il avait eues avec les Espagnols, affirmant aussi l'absolue ignorance dans laquelle la marquise avait été de ces rencontres : « La preuve, disait-il, que ma « fille n'en a rien su c'est que, craignant la « colère et les menaces de la reine, elle s'est « souvent adressée au roi pour en prévenir

« les effets. Sa Majesté lui offrit pour re-
« traite le château de Caen, en basse Nor-
« mandie ; et si la proposition ne fut pas
« acceptée, c'est que le roi ne voulut pas
« permettre que la marquise disposât du
« gouvernement de cette place. »

Un troisième interrogatoire eut encore
lieu, et l'on mit devant les yeux de d'Entragues des lettres trouvées dans un porte-
feuille de Morgan, et qui paraissaient prouver que copie de la fameuse promesse avait
été expédiée au roi d'Espagne. Mais l'accusé persista à nier ce fait avec la même
énergie et la même effronterie.

Puis l'on procéda à l'interrogatoire du
comte d'Auvergne ; ce furent Nicolas Brulart de Sillery et le président Jeannin qui s'en
chargèrent. Les réponses de ce seigneur
furent à peu près identiques à celles de son
beau-père, chose étonnante, mais heureuse
pour les coupables ; on remarquait seulement
chez le comte une tendance à accroître les
responsabilités de sa sœur utérine. Il n'y a là

rien de bien inexplicable, la noblesse de caractère et la générosité d'âme n'étaient certainement pas les qualités maîtresses du bâtard de Charles IX : il l'a suffisamment prouvé ; or, il se fiait à l'affection de Henri pour Henriette : le roi si souvent déjà était revenu à cette maîtresse, qu'il y avait tout lieu d'espérer un nouveau mouvement dans le même sens ; il se croyait donc tout excusé, dès l'instant que la marquise portait le plus grand poids du crime. Par exemple, il avoua la résolution que sa sœur avait prise de sortir du royaume, s'il arrivait quelque accident au roi ; il nia, lui aussi, que son beau-père eût donné aux Espagnols copie de la promesse de mariage ; mais il déclara que d'Entragues l'avait souvent répétée, mot à mot, devant Taxis et Zuniga. Enfin, autre point de coïncidence avec de Balzac, il refusa de reconnaître comme véritables les déclarations de son beau-père et de sa sœur, affirmant qu'ils voulaient tous deux le perdre.

Morgan, interrogé le troisième et ques-

tionné sur les motifs de ses liaisons avec Taxis
et d'Entragues, répondit qu'il avait ménagé
l'amitié de Taxis, afin qu'appuyé du crédit
de ce ministre, il pût se faire payer, par la
cour d'Espagne, de six mille écus qui lui
étaient dus par la reine d'Écosse, dont il
avait été l'agent pendant quelque temps ;
qu'il n'avait vu d'Entragues que dans le
dessein d'obtenir de lui des lettres de recommandation pour le duc de Lenox, son
neveu, qui était fort puissant en Angleterre ; qu'au surplus, il n'avait pas cru que
ses visites chez Taxis eussent rien de cri-
minel ; qu'il ne les avait faites que par le
conseil du comte d'Auvergne et d'Entragues ;
qu'enfin, il était étranger et exilé de sa
patrie, pour cause de religion, et que, s'il
avait commis quelque faute, il implorait la
clémence du roi Très Chrétien.

La marquise, interrogée la dernière, nia
totalement avoir eu connaissance des relations avec les Espagnols ; elle affirma n'avoir
vu Taxis qu'un jour où, avant de partir pour

l'Espagne, il était venu la saluer ; quant aux autres accusations, telles que celles d'avoir songé à mettre ses enfants entre les mains du roi d'Espagne, elles avaient si peu de fondement, qu'elles ne méritaient même pas discussion.

Malgré toutes ces dénégations, les preuves abondaient contre les complices; aussi Charles, bâtard de Valois, comte d'Auvergne, François de Balzac, sieur d'Entragues, et Thomas Morgan, furent-ils déclarés atteints et convaincus du crime de lèse-majesté au premier chef ; en réparation de quoi ils furent privés de leurs dignités et de leurs honneurs, et condamnés à avoir la tête tranchée su l'échafaud en place de Grève.

Quant à Henriette de Balzac, marquise de Verneuil, la Cour la condamna à se voir enfermée au monastère de Beaumont-lès-Tours avec défense de parler à tout autre qu'aux religieuses.

Cet arrêt fut rendu le 1er février 1605 mais il n'était pas immédiatement exécutoire, le roi ayant fait défense, par l'entremise de son procureur général, de passer outre.

Le roi, suivant son habitude, vint consulter Sully, son éternel conseil, à la suite de cet arrêt et lui demanda ce qu'il pensait, que dirait et ferait la marquise en apprenant ces nouvelles. Sully répondit que si Madame de Verneuil croyait à un dépit amoureux de sa part, elle avait un esprit assez fin et un cœur assez fier pour ne point s'effrayer du résultat, sachant fort bien que toutes ces menaces ne seraient pas suivies d'effet ; que si, au contraire, elle croyait le roi délivré de toute affection pour elle elle filerait doux, emploierait tous les moyens pour le fléchir et, au besoin, en viendrait aux supplications, ayant foi, quand même, en la force de ses larmes et en la puissance des voix argentines de leurs enfants.

Henri pria encore une fois Sully de faire pour lui des démarches auprès de son ancienne maîtresse ; mais le ministre refusa net, déclarant qu'il lui fallait éviter tout d'abord le courroux de la reine, et que, d'autre part, il ne voulait plus prêter aux médisances qui couraient sur son compte, affirmant que toutes ses allées et venues chez Henriette n'avaient pour but que de trahir sa confiance au profit du roi, son maître.

CHAPITRE IX

*Atténuation des peines. — Absolution d'Henriette. —
Jugement du public.*

L'arrêt du Parlement, malgré le caractère
de sévérité dont, à première vue, il paraît
revêtu, n'était que fort juste, car toutes les
défenses des accusés n'étaient qu'un tissu
de mensonges ; la culpabilité de tous était
grande et parfaitement avérée, car toutes les
dénégations les plus énergiques ne pouvaient
suffire à effacer les complots qui avaient été
tramés.

Henri IV parut tout d'abord comprendre
la nécessité d'un exemple, et demeura inflexible ; mais bientôt il fit pousser sous
main la marquise à lui [demander pardon, et
elle eût pu se fier à la parole du roi, en se

souvenant de leurs relations passées et du naturel de ce monarque, toujours disposé à absoudre ; mais Henriette ne jugea pas de sa dignité de se défaire de sa morgue ; elle répondit qu'elle n'avait jamais offensé le roi, et dès l'instant qu'il n'y avait point offense, « il n'y écheoit point de pardon. »

Le roi poussa même la condescendance et le désir, de ne point punir sa maîtresse, jusqu'à s'entendre avec le chevalier du guet, afin que celui-ci vînt le trouver de lui-même, et se posât comme porteur des sollicitations de ladite dame ; mais elle, loin d'accepter ce procédé, qui sauvegardait son orgueil, déclara que le chevalier du guet était un méchant homme ; que jamais elle ne lui avait parlé de quoi que ce soit, et que ce qu'il avait rapporté au roi était faux de tous points.

Henri s'était montré fort mécontent de l'insuccès de ses tentatives, et nous avons vu jusqu'où il avait laissé aller les choses.

Mais cela ne dura pas.

L'arrêt avait été prononcé par le Parlement le 1ᵉʳ février ; le mercredi 2, fête de la Chandeleur, comme le roi sortait pour aller à la messe, il fut arrêté par Madame d'Entragues et sa fille, qui se jetèrent à ses pieds, implorant sa miséricorde. Henri fut touché par le désespoir des deux femmes, les releva, leur dit qu'il s'efforcerait de leur faire voir qu'il était bon, leur promit de réunir le jour même son conseil pour résoudre la question de pardon et, fléchissant presque déjà, les larmes aux yeux, il ajoutait : « Allez prier Dieu qu'il le veuille bien inspirer, et moi aussi, qui m'en vais présentement à la messe pour cet effet. »

Le conseil, réuni en effet dans la journée, conclut, à l'unanimité, à l'exécution de l'arrêt ; mais le roi se montra d'avis contraire, ce qui maintint encore les choses en suspens. Cette opposition était par elle-même assez significative, et pourtant il y eut dans le sein de la cour des gens assez peu clairvoyants pour presser Henri et pour s'efforcer de le convaincre de laisser s'achever sans retard la condamnation. Mais Henri sut éluder toutes ces poursuites et, le 23 mars 1605, il donnait à la marquise permission de se retirer à Verneuil au lieu de rester à Beaumont, obligeant le Parlement à rendre un nouvel arrêt à ce propos.

Le 21 août, changement encore : Henri expédie au Parlement, en faveur du comte d'Auvergne et du sieur d'Entragues, des lettres de réhabilitation « en leurs biens et bonne renommée », et une ordonnance commuant pour les mémes individus la peine de mort en un emprisonnement perpétuel. Ils n'étaient pas, on le voit, rétablis en leurs gouvernements et leurs dignités. Par la même occasion, le roi pardonnait à Morgan, sous condition formelle qu'il quitterait le royaume.

Peu après il donna à d'Entragues sa maison de Malesherbes pour prison. Puis, en septembre, il accorda à la marquise des lettres encore plus favorables que les premières. Henri défendait de procéder à de plus amples informations sur le compte de cette dame ; il lui rendait son entière liberté et la complète jouissance de ses biens, et enfin il interdisait à tous les procureurs généraux et à toutes les cours de renouveler cette accusation. Toutes ces nouvelles décisions furent enregistrées par lettres patentes du 16 septembre.

Le comte d'Auvergne, le plus dangereux et le plus coupable des complices, fut aussi le plus maltraité : on le maintint emprisonné dans la Bastille, où il devait demeurer douze ans sans autre consolation que la culture des belles-lettres, dont il était très friand, ayant fort étudié dans sa première jeunesse.

Quant au public, il paraîtrait qu'il avait accueilli assez favorablement les sévérités du Parlement ; aussi vit-il d'un mauvais œil la clémence du roi ; l'on prétendit que Henri avait intenté ce procès à la marquise, non pas pour la punir, pour faire un exemple aussi nécessaire que plein d'équité, mais afin que son père et son frère, qui avaient tâché de l'éloigner de la cour, fussent les premiers à l'exhorter de renouer ses anciennes liaisons avec un prince qui était éperdument amoureux d'elle.

L'on consacra cette opinion dans une formule et l'on déclara que l'amour avait triomphé de la mort.

Enfin les poètes se mirent de la partie et l'on divulgua, autant que le latin le permit, l'épigramme suivante, dont l'auteur est resté inconnu :

> Mors et amor dubio Henricæ de funere certant
> Et voti caussas reddit uterque sui.
> Jacta Amor formam et molles commendat ocellos ;
> Mors scelus et miseræ crimina nota refert.
> Sub Jove res acta est, cœcum qui pectore toto
> Vulnus alit : victo judice vivit Amor.

Peu de temps après toutes ces atténuations apportées aux condamnations premières, à la fin de septembre 1685, l'on découvrit une nouvelle conspiration ourdie par le sieur d'Entragues. Elle tendait à rien moins qu'à faire sortir le comte d'Auvergne

de la Bastille ; des preuves incontestables
tombèrent aux mains du roi ; l'on trouva dans
le bois Malesherbes des poulies et des cor-
dages qui ne pouvaient être là sans motif, et
l'on sut également le nom du marchand qui
avait vendu ces engins. Le sieur d'Entragues
nia avoir jamais voulu utiliser ces choses
contre le service et la volonté du roi, et
imagina toutes sortes de prétextes pour expliquer leur présence en sa demeure. Rien
n'étant encore prouvé, l'on ne voulut pas
emprisonner l'accusé sans plus de certitude
de sa culpabilité, mais, par mesure de précaution, l'on resserra le comte d'Auvergne.
Le cordier, interrogé, chargea beaucoup un
certain M. de Giez qui, disait-il, avait fait
chez lui les acquisitions ; mais ce seigneur
déclara n'avoir jamais eu connaissance de
quoi que ce fût.

Enfin, le sieur d'Entragues, amené devant
le grand prévôt, refusa de se prêter à un interrogatoire ; mais il fit un mémoire en
forme de certification, dans lequel il déve-

loppait les intentions qu'il avait eues en se munissant de ces cordes, les travaux pour lesquels il comptait les utiliser. Ce mémoire, écrit en entier de la main de d'Entragues et signé par lui, était une pièce vraiment digne de cet esprit habile, prudent et retors.

Malgré tout on envoya au grand prévôt une commission l'autorisant à faire parler ce seigneur ; mais lui persista dans son mutisme. Bref, force fut bien de se contenter des explications qu'il donnait dans son factum, et l'affaire en resta là.

CHAPITRE X

*Rapprochement complet entre Henri IV et Henriette.
— Celle-ci reprend son arrogance. — Le roi con-
serve néanmoins ses autres maîtresses.*

Le roi, pendant toute la durée du procès,
avait essayé de s'étourdir par d'autres
amours, notamment avec Jacqueline de
Beuil, avec la duchesse de Nevers, avec
Marie d'Entragues, la propre sœur de la
marquise, qui marchait sur les traces de sa
sœur comme maîtresse en titre de François
de Bassompierre, duquel elle avait eu un
fils et auquel elle avait tenté, elle aussi,
d'arracher une promesse de mariage.

Mais, le procès terminé, Henri avait bien
fait voir combien la compagnie d'Henriette
lui était nécessaire et, après avoir amené,

petit à petit, l'absolution complète de cette femme, il retourna, plus ardent que jamais, auprès d'elle, dont l'humeur enjouée et l'entretien, toujours assaisonné de plaisantes railleries, détendait agréablement son cerveau fatigué. Henriette se passait même, par instants, quelques pointes de médisance contre les dames de la cour ; mais tout cela devenait charmant dans sa bouche spirituelle et grâce à ses expressions toujours fines et toujours pittoresques.

La reine apprit ce rapprochement, qui s'était effectué déjà depuis quelque temps, mais elle le vit d'un très mauvais œil et s'en montra ostensiblement fort marrie. Elle alla jusqu'à défendre de visiter la marquise aux dames de la cour, sous peine d'être bannies de sa présence et de se voir fermer les portes de ses appartements.

La maîtresse n'eut garde de faire attention à toutes ces mesures dirigées contre elle et, assurée qu'elle était d'un retour d'affection très vive de son royal amant, elle reprit, comme par le passé, son ton arrogant et sarcastique.

Au mois de juin 1606, une occasion se présenta même dans laquelle, ne pouvant retenir un mot spirituel, elle fit paraître, avec impudence, la haine qu'elle portait à la reine et le sans-façon avec lequel elle la traitait.

Le 9 de ce mois, le roi revenait de Saint-Germain à Paris, dans un carrosse, accompagné de la reine, de la princesse de Conti, des ducs de Vendôme et de Montpensier. A cette époque, les ponts n'existaient pas encore, et à la hauteur de Neuilly se trouvait un petit port d'où l'on passait en bac sur l'autre rive de la Seine. Les chevaux, au moment d'entrer dans ce bac, prirent peur et renversèrent le carrosse dans le fleuve qui, en cet endroit, était très profond. Les gens qui suivaient à cheval se jetèrent promptement à l'eau tout habillés et bottés, leur épée au côté, et vinrent au secours du roi qui, d'ailleurs, courait peu de danger,

sachant fort bien nager. André de Viviane
de la Châteigneraie arriva à temps pour
sauver la reine et le duc de Vendôme ;
quant au duc de Montpensier et à la princesse de Conti, tombés, par un heureux
hasard, en un endroit peu profond, il leur
fut aisé de se tirer de l'eau, avec l'aide des
personnes qui se trouvaient présentes. La
cause de ce malheur fut le refus de mettre
pied à terre, parce qu'il pleuvait et que l'on
craignait d'être mouillé ; aussi fut-on sub-
mergé. En tout cas, l'on avait couru un
grand danger ; aussi jugea-t-on convenable
de rendre publiquement grâces à Dieu, qui
avait tiré Leurs Majestés de ce mauvais pas.
Enfin, il est juste d'ajouter que cette aventure ne nuisit pas à tous ; de la Châteigneraie reçut immédiatement de la reine bon
nombre de pierres précieuses et, par la
suite, fut fait, sur la demande de Marie de
Médicis, capitaine des gardes. Mais la marquise de Verneuil, à qui l'on racontait cet
accident, en prit occasion pour s'égayer

fort, et elle déclara tout haut qu'elle regrettait de ne pas s'être trouvée présente, car elle se fût écriée : « La reine boit, la reine boit ! »

Ce propos, rapporté à la reine, ne pouvait manquer d'augmenter son animosité.

Cependant le roi, bien que revenu à Henriette de Balzac, n'en visitait pas moins les autres maîtresses qui l'avaient distrait pendant l'informé du procès. C'est ainsi qu'il conservait des relations avec la comtesse de Moret, ce qui même amena l'aventure suivante.

Le roi expédia un jour, en 1606, Bassompierre de Buzancy à Paris, muni de lettres pour Madame de Verneuil et pour Madame de Moret. Bassompierre se rendit d'abord chez la marquise, pressé d'y rencontrer sa propre maîtresse, Marie d'Entragues, qu'il savait s'y trouver. En quittant ces dames, il eut l'imprudence de dire qu'il allait également remettre des lettres du roi à Madame de Moret ; Henriette, prise de curiosité, fut tentée de voir la correspondance que l'on entretenait avec sa rivale, et fit habilement demander à Bassompierre lecture des missives par sa sœur. François ne put rien refuser à celle qu'il aimait et Henriette décacheta le pli, le lut, puis le rendit au porteur, lui disant qu'en une heure il pourrait faire faire un chiffre pareil à celui qui était sur le cachet, et qu'alors en fermant à nouveau la lettre, il n'y paraîtrait rien.

Bassompierre se fia à ces assurances et, le lendemain matin, il envoya son valet de chambre faire exécuter ce cachet. Mais cet homme n'eut-il pas le malheur de s'adresser au graveur qui avait précisément composé celui du roi et qui, reconnaissant son œuvre, s'y prit habilement pour tenir en main la lettre d'Henri, puis arrêta le valet par le collet. Celui-ci, fort gaillard heureusement, se dégagea, laissant son manteau et son chapeau pour seuls otages, et revint en courant chez son maître, auquel il apprit, en tremblant, sa mauvaise fortune.

Bassompierre fit cacher son serviteur et s'en vint trouver la comtésse de Moret, à laquelle il raconta que, cherchant un poulet à lui envoyé par une dame, il s'était mépris et avait ouvert celui que le roi lui avait confié pour elle-même, et que, par crainte de se voir soupçonner à tort, il avait songé à faire reconstituer le cachet ; mais que son valet s'était maladroitement adressé au graveur même qui avait fait celui du roi et que cet homme avait retenu la lettre à elle destinée, ce qui, si elle voulait l'avoir, l'obligeait à l'aller demander à ce graveur, nommé Turpin.

La comtesse trouva l'histoire fort plaisante et elle envoya immédiatement redemander son bien ; mais le graveur répondit qu'il ne possédait déjà plus la lettre, qui devait être entre les mains de Séguier, président de la Tournelle. Bassompierre se trouva assez penaud de cette complication, ne connaissant pas autrement Séguier, dont la réputation de sévérité était universelle. Pourtant il s'avisa

d'aller voir Madame de Loménie, pour la
prier d'intercéder ; il la trouva fort occupée
et très peu disposée à l'écouter, étant, disait-
elle, obligée de rédiger, pour l'envoyer à
son mari, un rapport sur une affaire très
grave dont il aurait à chercher les tenants et
les aboutissants. Bassompierre espéra deviner de quoi il s'agissait et, questionnant
Madame de Loménie, sut, en effet, que
c'était son affaire qui donnait tant de tracas à
cette dame. Sur son assurance qu'elle donnerait deux mille écus pour voir clair dans cette
histoire, Bassompierre lui offrit de l'instruire
à meilleur compte, et il lui répéta ce qu'il
avait dit précédemment à la comtesse de
Moret. Madame de Loménie crut également
à cette explication et promit d'apaiser toutes
les colères, sous condition que Bassompierre
consentirait à aller le lendemain à Villers-
Cotterets, où se trouverait, avec le roi, son
mari, pour lui porter un contre-rapport
qu'elle rédigea aussitôt. Bassompierre con-
sentit évidemment, passa prendre les réponses

de Madame de Verneuil et partit. Le roi, instruit de ce qui était arrivé, ne fit qu'en rire et Madame de Moret s'en égaya beaucoup aussi.

Henri IV avait également conservé une grande affection pour Marie d'Entragues, qu'il avait connue jadis, et ce fut le mobile d'une aventure assez drôle dont Bassompierre fut encore le héros. Henri IV faisait à ce gentilhomme l'honneur d'être jaloux de lui et il était entretenu dans ces sentiments par plusieurs rivaux de Bassompierre, particulièrement par le duc de Guise. Aussi, sur l'assurance, qu'on donnait un jour au roi, que Mademoiselle d'Entragues se moquait d'eux tous, pour préférer François, Henri donna l'ordre de surveiller les approches de la demeure de la belle. Ce jour-là, Bassompierre avait soupé chez M. Le Grand et, une forte pluie d'orage ayant pris subitement pendant le souper, François se vit forcé d'emprunter à son hôte un manteau, et ainsi accoutré l'amant se rendit, vers onze heures, chez sa maîtresse, sans faire attention que la croix du

Saint-Esprit était attachée sur le manteau prêté.

Les espions étaient postés, et ils vinrent aussitôt avertir M. de Guise qu'un jeune chevalier du Saint-Esprit s'était introduit chez Mademoiselle d'Entragues par une porte dérobée.

M. de Guise, ne pouvant en croire ses oreilles, envoya ses valets de chambre pour voir et reconnaître le chevalier quand il sortirait ; ceux-ci furent aperçus par Bassompierre, qui se couvrit la figure autant que faire se peut ; mais il n'était pas besoin de tant de précautions, car les deux serviteurs disparurent rapidement et vinrent déclarer à M. de Guise que l'homme à bonne fortune était M. Le Grand, puisqu'il n'y avait à la cour que lui de jeune chevalier. Bassompierre fit prévenir dans la matinée Mademoiselle d'Entragues de l'espionnage dont il avait été l'objet, la priant de se tenir sur ses gardes contre tout événement. Pour M. de Guise, plus désireux que jamais de découvrir la

vérité, il se rendit chez M. Le Grand ; mais on
ne le reçut pas, M. Le Grand ayant fait défendre sa porte, fatigué qu'il était d'une rage
de dents dont il avait été tourmenté toute la
nuit. Cette explication affirma la conviction
de de Guise, qui pensa qu'un homme qui
toute la nuit avait veillé ne pouvait en effet
se lever tôt.

Fier de sa découverte, de Guise accourut
chez Bassompierre, et sans s'inquiéter de ce
qu'il était au lit : « Je vous prie, prenez
votre robe de chambre, lui dit-il, car je veux
vous dire un mot. » Bassompierre se crut
pris et se préparait déjà à se défendre quand
de Guise, ne pouvant se contenir, l'interpella :
« Que diriez-vous si le grand écuyer était
mieux que vous et que tout le monde dans
l'esprit d'Entragues et, non seulement, dans
son lit encore ? » François répondit qu'il n'en
croyait rien ; mais de Guise appuya en affirmant qu'on l'avait vu sortir de la demeure
de la demoiselle et, pour preuve, il fit appro-

cher un de ses valets, qui l'accompagnait,
lequel confirma le dire de son maître.

Bassompierre commençait à se demander
si c'était une mystification, lorsqu'en se re-
tournant il aperçut le fameux manteau étalé
sur une chaise ; aussitôt, comprenant d'où
provenait la méprise, il courut s'asseoir sur
le vêtement révélateur, refusant de se pro-
mener avec de Guise comme celui-ci l'en
priait, jusqu'à ce que, saisissant un moment
favorable, il l'eût fait retirer par un de ses
domestiques ; puis il se mit à se plaindre de
l'infidélité de Mademoiselle d'Entragues, faisant de longues tirades sur l'inconstance et
la fourberie des femmes.

Une fois de Guise sorti, il dépêcha quelqu'un auprès de sa maîtresse pour lui raconter ce qui se passait ; celle-ci avait l'esprit endiablé de toute sa famille, aussi se
complut-elle à perpétuer l'erreur générale.
Elle invita M. Le Grand à souper et lui fit
faire fort bonne chère, à tel point que le premier trompé fut son commensal lui-même

qui, tourmenté le lendemain sur sa bonne
fortune, ne s'en défendit que très faiblement
Bref, la jalousie du roi et de M. de Guise
s'en prit à M. Le Grand, et les deux amants
purent continuer leurs amours en toute liberté. Pourtant une si heureuse situation ne
pouvait se continuer longtemps ; les écon-
duits avaient eu soin de prévenir la mère
de la donzelle, et un matin Madame d'Entragues, ne trouvant pas sa fille dans son lit,
eut l'idée de passer par la porte condamnée
et de gravir un étage. Bassompierre s'y trouvait avec Mademoiselle d'Entragues, et tous
deux parlaient une langue de nature à ne
laisser aucun doute sur le genre de leurs
relations. Cette découverte obligea les deux
coupables à beaucoup de retenue, car doré-
navant Henri IV les fit surveiller de près. Il
est vrai que les amoureux ne sont jamais à
court d'expédients et, malgré tout, ils par-
vinrent à passer par instants quelques mo-
ments ensemble ; mais enfin ils ne purent
jouir de la même liberté qu'autrefois.

Malgré tous ces galvaudages, le roi, à cette époque encore, revenait sans cesse avec plaisir auprès d'Henriette. Celle-ci en était même tellement sûre qu'elle se livrait en toute liberté aux brutalités franches de son langage. La reine, toujours aussi peu endurante, toujours aussi prompte à se vexer, fit complètement jour à sa colère, si bien que la cour faillit se trouver de nouveau dans une période de division qui obligerait les seigneurs à opter pour l'un ou l'autre camp. Sully fut encore chargé de pacifier les esprits ; il va trouver Marie de Médicis, et Léonora Galigaï commence par lui refuser la porte ; mais il ne se tient pas pour quitte et se nomme à travers la porte ; on lui ouvre, il amène la reine à consentir à écrire au roi une lettre d'exposé de ses griefs ; Marie compose une lettre si méchante que Sully la lui fait recommencer, ou, pour mieux dire, qu'il lui en dicte une autre. Le roi, au reçu de cette missive, s'en montre fort mécontent ; son conseiller lui demande ce qu'il y voit de

mal ; il répond que c'est un style qui pique
en flattant et que ce n'est pas contre la reine
qu'il en a, car il a bien reconnu que ce n'é-
tait pas son style, mais contre l'auteur de ce
factum, dont la tournure ne se comprendrait
que d'un de ses familiers.

Sur ce dernier mot Sully se nomme, et
l'on peut penser que la colère tomba ; mais
Henri IV chargea son ami de prier la marquise de se tenir tranquille, sous peine de se
voir séparée de ses enfants et enfermée dans
un cloître ; d'exhorter la reine à plus de dou-
ceur et au renvoi de Concini et de sa femme.
Sully s'acquitta de sa mission ; mais son in-
tervention fut de toute inutilité ; la zizanie
était entretenue par trop de personnes inté-
ressées sans doute à ne la pas voir cesser,
entre autres, par Madame d'Angoulême, la
comtesse de Sault, Mesdames de Raigny et
de Chantivault, par le commandeur de Sillery, Rambouillet, Marillac et le médecin
Buret.

Cependant Henri IV, donnait des preuves

indiscutables de la faveur dans laquelle il
tenait Madame de Verneuil. Il faisait légi-
timer Henri de Verneuil et Gabrielle de
Verneuil, deux enfants qu'il avait eus d'elle.
Pour Henri même, malgré son jeune âge, il
s'occupait, dès cette époque (1608), d'obtenir
l'évêché de Metz, comme en témoigne la
lettre suivante de Villeroy à un de ses col-
lègues du conseil :

« Monsieur, nous avons déjà gagné ce
point avec le pape qu'il a reconnu que le
chapitre de Metz a droit d'élire et postuler
l'évesque, tant par vacation que par résigna-
tion et même pour l'administration ; de sorte
qu'il faut que ledit chapitre parle pour le
cardinal de Givry soit qu'il doive dès à présent avoir le titre de l'évesché, ou la susdite
administration, comme l'on peut colliger du
mémoire dernier envoyé de Rome ; ce qui
doit rendre plus forte et considérable la raison que vous m'avez escrit devoir estre
adjoustée à la despêche que nous faisons à
Rome afin d'induire le pape à accorder dès

à présent à M. le marquis de Verneuil le
tiltre dudit évesché ; au moyen de quoy je
ne faudray à luy employer et faire valoir,
suivant vostre advis et le désir de Madame
la marquise, de tout mon pouvoir. Je suis
seulement combattu d'une considération :
c'est que si ledit chapitre a le droit susdit
d'élire et postuler, aussi est-il obligé par le
même privilége d'élire et postuler personnes
idoines suivant les canons et loix de l'Église :
ce qu'ils n'ont fait en la personne de mondit
sieur le marquis, à cause de sa naissance et
de son bas âge..... Fontainebleau, 29 mars
1608. »

Les conditions irrégulières dans lesquelles
se trouvait Henri de Verneuil pour obtenir
un évêché, et que Villeroy indique à la fin de
sa lettre, nécessitaient des dispenses. Le pape
s'y refusa énergiquement tout d'abord ; mais
Villeroy, stimulé par le désir de complaire
au roi et à Henriette, continue ses instances,
envoie à Rome un exprès, auquel il paye son
voyage, un nommé Valerio, et celui-ci, guidé

par les instructions du ministre, termine l'affaire favorablement.

Cette mesure avait certainement de quoi plaire à la marquise ; d'autre part, il faisait bon avoir recours à son intercession. Ainsi, le 18 juin de la même année, deux domestiques d'un certain Carrel, avocat à la cour, avaient tué, pour la voler, la servante du même individu, laquelle était grosse. On voit donc que le meurtre avait son importance. L'affaire passe au Parlement, qui condamne à mort les deux coupables ; ceux-ci ont le bonheur d'obtenir l'appui de Henriette : elle demande pour eux une commutation de peine, et les choses en restent là.

Ce n'est donc pas trop s'avancer que de proclamer le retour complet de la faveur du roi vers la marquise de Verneuil.

CHAPITRE XI

Pourtant l'année 1609 amena du nouveau; à
cette époque fit son entrée à la cour Charlotte
de Montmorency, fille du connétable, demoiselle d'une beauté vraiment extraordinaire.
Cette beauté était dans toute la splendeur de la
première jeunesse, et ressortait encore davantage grâce à une vivacité d'esprit des plus cap-
tivantes. Immédiatement un essaim de papil-
lons titrés vint voleter autour de cet oiseau
rare, et le roi de France ne fut pas le dernier
à faire sa cour. Il s'éprit d'elle très énergiquement et en devint très réellement et très
romanesquement amoureux. Mais la belle

avait des principes, et triompher de sa vertu ne parut pas une chose aussi aisée ; Henri songea à employer les moyens qui lui avaient déjà réussi, et, après avoir beaucoup hésité entre les seigneurs, après s'être arrêté à plusieurs d'entre eux, son choix se fixa sur le prince de Condé et il lui offrit Charlotte de Montmorency en mariage. Le prince n'eut garde de refuser un si beau parti à tous égards, et même, à différentes allusions du roi, dont la passion n'était ignorée de personne, il répondit d'une façon qui permit d'espérer qu'il serait tolérant après la cérémonie. Mais il n'en fut rien : une fois le sacrement reçu, il se crut seul et unique mari de la belle, et, usant de son droit, il la garda avec précautions.

Henri fit tout pour en arriver à ses fins ; tout ce que son imagination lui fournissait d'expédients était immédiatement tenté ; mais toujours il échoua. Pourtant Condé, se fatiguant de ses obsessions continuelles, enleva un jour sa femme et l'emmena en Belgique ; Henri en fut si fort irrité qu'il faillit en faire une question diplomatique.

Mais de quel œil Madame de Verneuil voyait-elle cette nouvelle rivalité, plus menaçante certainement que toutes celles qui jusqu'ici auraient pu la troubler ? Henriette crut tout d'abord que le meilleur était d'en rire, et, usant de son droit de tout dire, droit dont elle se servait jusqu'à parler au roi non pas comme à un égal, mais comme à son valet, elle se moqua de lui de la façon suivante, à propos de son nouvel amour, un jour qu'il vint la voir en novembre 1609 : « N'estes-vous pas bien meschant de vouloir coucher avec la femme de votre fils ? Car vous sçavez bien que vous m'avez dit qu'il l'était. »

Ce propos déguise-t-il une simple méchanceté piquante, ou s'agit-il d'une coïncidence vraie ?

Il est impossible de conclure ; la progéniture du grand roi fut si nombreuse, que l'on peut toujours craindre de rencontrer un des siens au moment où l'on s'y attend le moins.

Mais ce ton de badinerie était bon un instant ; quand Henriette s'aperçut que la chose devenait très sérieuse, elle le prit, croyons-nous, moins cavalièrement. Et la preuve, c'est qu'elle écouta très ostensiblement, avec intention, les déclarations de quelques seigneurs qui, depuis longtemps déjà, cherchaient à obtenir ses faveurs. Le duc de Chevreuse fut le premier accueilli ; mais, comme le but d'Henriette, tout nous porte à penser ainsi, était de tâcher de se rapprocher d'Henri par jalousie, elle se laissa approcher, mais joua serré, afin d'aviver la flamme des soupirants, et de les amener à une haute intensité de passion, capable de les porter à quelque éclat ou à quelque proposition qui pût se répandre avec bruit. Chevreuse en vint jusqu'à lui parler de mariage ; mais c'était l'homme le plus inconstant de la terre, et il la paya de son infidélité ordinaire. Les choses allèrent plus loin avec de Guise, propre frère de Chevreuse, ancien amoureux de Marie d'Entragues, sœur de la marquise. Ce seigneur avait transporté son amour de la cadette à l'aînée, et, en changeant d'objet, sa passion s'était accrue ; il était fort épris d'Henriette ; cette flamme s'était allumée depuis quelque temps déjà et elle le poussait parfois à passer des nuits entières en promenades sous les fenêtres de la belle adorée. Il fut souvent rencontré dans cette position par Bassompierre, qui, lui, entrait carrément pour entretenir de propos amoureux la jeune Marie.

Henriette parut un jour prendre en compassion un si bel amour, et permit à de Guise quelques libertés. Ce seigneur, comme son frère, en vint bientôt à parler mariage ; mais cette fois la marquise, plus prudente, se dépêcha de faire publier les bans entre elle et le duc, se contentant de voiler leurs deux noms sous des pseudonymes fort transparents ; elle prit soin aussi de faire dresser un contrat, convoqua à cet effet deux notaires très

âgés, qu'elle put sans doute diriger comme
elle l'entendit, leur fit écrire la pièce, et la
leur fit signer, la fit également signer par un
prêtre, et y apposa ensuite son paraphe à
côté de celui du duc de Guise. Tout se trouvait donc en règle de cette façon. Mais l'histoire ne tarda pas à s'ébruiter ; d'ailleurs, nous
le répétons, Henriette ne l'avait pas ainsi
conduite pour la laisser dormir. Henri IV, tout
d'abord prévenu officieusement que de Guise
paraissait en faveur auprès de la marquise,
ne s'en tourmenta pas autrement et répondit
à celui qui l'en entretenait : « Encore faut-il
laisser aux seigneurs le pain et les femmes,
on leur a osté tant d'autres choses. » Mais il
fut bientôt obligé de traiter l'affaire plus
sérieusement, car la famille du duc n'accepta
pas la nouvelle avec calme. Elle fit grand
bruit de la chose et proclama tout haut
que c'était une manœuvre infernale de la
marquise, pour brouiller de Guise avec le
roi, sans compter qu'une pareille alliance
était une tache sur leur nom. Enfin, ils se

montrèrent tellement furieux et étaient encore si puissants, que Henri IV dut intervenir ; ces tracas inutiles excitèrent d'ailleurs sa colère ; mais il la déchargea complètement sur le duc de Guise, auquel il reprocha amèrement sa conduite et qu'il renvoya, pour le punir, en Provence, à son gouvernement, avec ordre de demeurer jusqu'à nouvel ordre dans les limites de ce gouvernement.

Malgré toutes ces tribulations, malgré son violent amour pour la princesse de Condé, Henri IV voyait encore Madame de Verneuil en 1610, mais ce n'était que comme pis-aller. Elle ne se faisait aucune illusion à ce sujet, et s'en expliquait fort gaiement et fort ingénieusement si le propos que Malherbe rapporte est vrai : « Elle dist qu'elle est la beste du roy et son explication, c'est qu'ordinairement on fait peur aux petits enfants de la beste, quand on ne peut en venir à bout d'autre façon, et que le roy fait de même d'elle. Et quand il veut fascher le monde, il dit qu'il verra la marquise. »

Pour être mise un peu de côté, elle n'en avait cependant pas renoncé à ses joyeusetés de langage, et le sarcasme continuait à prendre aisément naissance dans sa bouche. Ainsi le 4 janvier 1610, Henri de Verneuil, son fils, la vint voir et, au moment où il prenait congé d'elle, elle lui dit : « Mon fils, baisez très-humblement les mains au roy de ma part, et lui dites que si vous estiez à faire, il ne vous eust jamais fait avec moi. »

CHAPITRE XII

*Mort de Henri IV. — Manifeste d'Escoman. —
Accusations portées contre la marquise et sa famille.*

Le 14 mai 1610, tombait mort sous le poignard de Ravaillac Henri IV, dit Henri le
Grand, qui seul mérite certainement d'être
nommé le grand roi, bien que l'on ait cou-
tume de donner cette appellation à un de ses
successeurs, qui fut, sans aucun doute, moins
bon politique, moins patriote et moins
excellent homme. Henri IV a pu avoir des
torts, mais ce sont des torts privés, dirons-
nous ; jamais, il n'a cessé un moment d'agir
en vue du bien de son pays, et toutes ses
actions, depuis l'époque même où il n'était
encore que roi de Navarre jusqu'à la veille
de sa mort, instant où il méditait une grande

entreprise, ont ce but et ce but unique pour objet.

D'ailleurs son peuple sentit bien l'importance de la perte qu'il venait de faire, et presque tout le monde, tous les gens de bien, en tout cas, était plongé dans la prostration. Mais, pour pleurer le mort, il ne faut cependant pas oublier de le venger ; aussi, après avoir arrêté Ravaillac, s'occupa-t-on immédiatement de son procès et chercha-t-on à connaître les motifs qui avaient fait agir cet insensé, les personnes qui étaient complices de son crime.

Or, au cours des débats se présenta une certaine demoiselle Jacqueline de Voger d'Escoman, qui déposa le manifeste le plus étrange. Dans ce manifeste, elle accusait tout spécialement la marquise de Verneuil, affirmant être bien informée, car côtoyant toujours soit Madame de Chantemesle, sœur d'Henriette, au service de laquelle elle était, soit la marquise elle-même, à qui elle était parfois cédée par la première, elle savait très exactement ce qui se passait chez cette dame.

Je suis entrée, disait Mademoiselle d'Escoman, en résumé, au service de la marquise après sa mise en liberté et là, en dehors des visites fréquentes du roi, je remarquai qu'elle en recevait d'autres personnages qui avaient toute l'apparence d'être Français et qui étaient bien éloignés de l'être de cœur. Mais la première affaire importante que j'ai connue se passa le jour même où Sully vint chez le sieur Villemonté, parler à la marquise de propositions de mariage entre elle et le duc de Guise. Une fois le ministre sorti, Villemonté retint à dîner Madame de Verneuil, et Madame de Chantemesle, et le soir même l'on conclut une alliance d'amitié. Quelque temps après, à Noël, la marquise se mit à suivre à Saint-Jean les sermons du Père Gontier, et un jour, en entrant elle marcha droit au banc où était assis d'Épernon, se mit auprès de lui, et ils chuchotèrent tout le temps de la cérémonie, pour s'arrêter à conclure la mort du roi. Après quelques jours d'intervalle, la marquise m'envoya, de Marcoussis, le traître Ravaillac avec un mot ainsi conçu : « Mademoiselle d'Escoman, je vous envoie cet homme par Étienne, valet de chambre de mon père, je vous le recommande, ayez-en soin. » Je le reçus sans chercher à savoir qui il était, le fit dîner, et l'envoyai coucher en ville chez un nommé Larivière, confident de ma maîtresse. Un jour qu'il déjeunait, je me pris à lui demander quelles étaient les raisons de tout l'intérêt que paraissait lui porter la marquise ; il me répondit que c'était à cause du soin qu'il donnait aux affaires du duc d'Épernon ; sur cette explication, je lui laissai un procès à élucider, lui abandonnai la maison et partis pour Verneuil ; mais à mon retour Ravaillac n'y était plus ; et, surprise de toutes ces étrangetés, je tâchai de m'immiscer dans la confiance des complices pour en savoir davantage.

J'y réussis d'ailleurs, car lorsque le roi, soupçonnant Ledain, confident de Madame

de Verneuil, jugea à propos de le bannir,
Madame de Chantemesle m'écrivit pour me
prier de m'informer où il était, afin que l'on
pût se servir de son intermédiaire pour cor-
respondre avec l'Espagne. »

Dès cet instant, Mademoiselle d'Escoman
résolut de dévoiler ce qu'elle savait. Elle
écrit au comte de Schomberg et à Mademoiselle de Gournai, leur demandant un rendez-
vous pour leur parler de choses de grande
importance. Ceux-ci se rendent chez elle pour
plus de politesse ; elle leur raconte ce qui se
passe, mais ils déclarent qu'ils n'ont que faire
de s'embrouiller de cette affaire.

Elle écrit alors au sieur de la Magdelène, qui
ne répond même pas ; pourtant le roi, ayant eu
vent de quelque chose, fait sentir son ressenti-
ment à la marquise, qui, malade, vient à Paris
pour se justifier, et repart absoute ; mais,
croyant à de mauvais offices de la part de
Mademoiselle d'Escoman, elle la fait mander
et lui demande si par hasard elle la desservi-
rait : cette dernière nie énergiquement. Puis

à l'Ascension, en 1609, Mademoiselle d'Escoman rencontre Ravaillac, qui lui déclare revenir du bois Malherbe, et lui fait part de toutes ses pernicieuses intentions. Cette demoiselle court immédiatement au Louvre, demande à parler à une des femmes de la reine, et la prie de lui ménager un entretien avec Marie de Médicis, à laquelle elle a de grands crimes à dévoiler, assurant qu'à la suite de sa conversation, la reine pourra faire arrêter tout un courrier qui doit partir pour l'Espagne. Marie devait le jour même aller à Chartres ; elle y va quand même, revient au bout de trois jours et fait demander Mademoiselle d'Escoman, qui l'attend inutilement tout un jour dans son cabinet de toilette. A la Fête-Dieu, elle rencontre encore une fois Ravaillac, qui vient à elle les larmes aux yeux et la prie de se taire sur ce qu'il lui avait raconté. Mais elle s'en garde bien et va trouver le Père Cotton au couvent des Jésuites ; le Père était absent ; elle est reçue par le Père procureur qui l'écoute, mais ne paraît pas la prendre au sérieux. Bref, le malheur arriva que, malgré tous ses efforts, elle n'avait pas pu le prévenir.

Bien entendu que nous racontons là en l'abrégeant, toute l'histoire, telle qu'elle est narrée dans le manifeste même de la demoiselle Jacqueline de Voger d'Escoman.

D'autre part, l'Étoile rapporte, dans ses mémoires, différents propos assez curieux qui auraient été tenus après la mort de Henri IV entre le prévôt des maréchaux de Pluviers, homme taré et reconnu comme mauvais serviteur du roi et fidèle de la maison d'Entragues, et plusieurs autres. Le corps de cet homme, trouvé mort, fut brûlé en place de Grève, le 19 juin 1610, plusieurs individus affirmant lui avoir entendu dire, à Pluviers, dans un jardin où l'on jouait à la courte boule à l'heure même où le roi était assassiné : « Le roi est mort, il vient d'être tué tout maintenant et n'en doutez pas ! » D'ailleurs les habitants de Pluviers, en apprenant la mort de ce prévôt auraient dit : « Mon Dieu,

que la mort de ce méchant homme, ainsi
avenue par qui que ce soit, vient bien à point
pour M. d'Entragues, Madame la marquise sa
fille et tout ceux de sa maison ! Par Notre-
Dame, quand ce serait le diable même qui
s'en serait meslé, comme on dit, il leur aurait
fait à tous ung beau et gros service ! »

Mais qu'y a-t-il de réellement vrai dans
toute cette affaire ? Il est assez difficile d'arriver à une absolue certitude. Pourtant il est
impossible de croire entièrement à tout ce que
raconte Mademoiselle Jacqueline de Voger
d'Escoman, puisqu'avant son manifeste elle
avait déjà une fois été condamnée pour faux
témoignage. C'était peut-être une femme qui
se complaisait en ce métier douteux, mais par
instant lucratif quand on réussit, et en cette
occasion, il faut le reconnaître, elle s'y était
très habilement prise, donnant à son récit une
couleur de vraisemblance. Les soupçons ne
devaient-ils pas en effet se porter de premier
abord sur toute la famille d'Entragues, coupable de deux complots fort importants, et

dont les têtes, toujours tourmentées de mouvement, avaient passé leur temps à créer des ennuis à Henri IV ? Nous savons quelles avaient été leurs relations avec l'Espagne, et nous savons aussi qu'ils n'avaient certainement pas hésité à faire appel à ces étrangers, pour amener une révolution nuisible au roi. Mais de là à croire qu'ils étaient complices de ce crime impardonnable et inintelligent de Ravaillac, il y a beaucoup de chemin. Qu'un homme d'une valeur aussi infime que paraît être le prévôt de Pluviers, ait tenu les discours que nous avons rapportés ; c'est possible. Il est possible également qu'il ait été affilié à toute la bande de gens sans aveu, bande à laquelle appartenait Ravaillac ; il est encore fort compréhensible que bien des gens, se basant sur le passé, aient cru que la mort du roi était une chose fort agréable aux d'Entragues ; mais cela ne prouve toujours pas qu'ils aient conduit le poignard de Ravaillac.

D'ailleurs l'histoire n'a pas ratifié les assertions de Mademoiselle d'Escoman ; il est probable que les juges du procès, en gens intègres, écoutèrent ses dépositions et prirent leurs informations avant de conclure ; or Jacqueline de Voger d'Escoman fut condamnée à finir ses jours entre quatre murailles par arrêt du 30 juillet 1610.

Nous ne croyons pas qu'aucun auteur moderne ait tenu plus de compte de ces audacieuses accusations. Michelet déclare que l'on n'a que trop chargé la mémoire de cette belle fille ; mais pourquoi, dès lors, semble-t-il reprocher aux autorités du temps de n'avoir pas mieux accueilli avant le meurtre les tentatives désespérées de Mademoiselle d'Escoman, pour révéler ce qu'elle savait ? Car de deux choses l'une, ou ses dépositions sont justes, et alors elles prouvent péremptoirement la complicité de la marquise ; ou elles sont fausses, et alors il faut les considérer comme construites de toutes pièces après coup.

Enfin, comme preuve finale de l'innocence

de Henriette d'Entragues, nous remarquerons que, par le compte rendu du procès, il est avéré que les juges, croyant justement à des influences secrètes, tournèrent et retournèrent Ravaillac en tous les sens à plusieurs reprises, à plusieurs jours d'intervalle, et que toujours il persista à affirmer que seul il était coupable et qu'il avait cédé à une tentation ; que, questionné le jour même du supplice avant l'exécution par le prévôt, il continua à nier avoir eu des complices ; que, au moment où on l'écartelait, dans une minute de répit qu'on lui laissa, on le somma de nouveau de citer les noms de ceux qui l'avaient poussé ou aidé, et que sa réponse fut encore la même.

Or il est très naturel que ce fanatique soit demeuré muet à l'endroit des partisans et des malfaiteurs qui l'avaient excité, et lui clouaient les lèvres à l'aide de principes effrayants et *de craintes troublantes*. Mais pourquoi se serait-il privé de nommer Henriette d'Entragues ?

CHAPITRE XIII

*Temps qui suivirent la mort du roi. — Mariage
du duc de Guise.*

Le roi mort, l'on peut se demander ce que
va devenir Henriette de Balzac d'Entragues ;
car elle avait perdu son protecteur, et certes
son esprit sarcastique ne s'était pas ménagé
la bienveillance des gens.

Pourtant elle resta à la cour et dit même
son mot à l'occasion ; c'est ainsi qu'elle rendit justice à son amant défunt lorsque les
huguenots et d'autres jugèrent à propos de
faire du bruit en juillet 1610 : « Oh ! que si
notre petit homme pouvait revenir, dit-elle
en cette circonstance, comme il empoignerait
le fouet pour chasser tous ces marchands du
temple ! »

Mais ces belles paroles ne rendaient pas moindres les inimitiés de la reine. Marie de Médicis avait eu assez à souffrir de la marquise de Verneuil, pour que celle-ci eût tout à craindre ; c'était probable que la Florentine, très vindicative, se vengerait, et les courtisans, habiles à sentir d'où vient le vent, comprenaient si bien cela, que le cercle allait se diminuant de jour en jour autour d'Henriette, quand les deux ennemies furent réconciliées par l'événement le moins propre, en apparence, à produire un rapprochement.

Au commencement de 1611, le duc de Guise songea à épouser Madame de Montpensier. Les parents de cette jeune fille firent quelques difficultés à cause des anciennes inimitiés des deux familles ; cependant le cardinal de Joyeuse s'entremit et les fiançailles purent se conclure.

Mais les empêchements paraissaient bien plus sérieux du côté de de Guise. Nous avons vu que ce seigneur avait été amoureux de la marquise au point de lui faire une pro-

messe de mariage en règle. Or Henriette,
forte des papiers qu'elle possédait, s'opposa
à l'union projetée entre le duc et la douai-
rière de Montpensier. Ceci compliquait beaucoup la question ; il devenait nécessaire de
rompre le premier contrat avant de faire
dresser le second ; de Guise fit des tentatives
auprès d'Henriette ; mais elles n'aboutirent
pas, non pas, croyons-nous, qu'elle y mît
personnellement beaucoup de méchanceté ;
mais les seigneurs, ravis de voir un homme
qu'ils jalousaient tous dans un si grand em-
barras, excitaient évidemment la marquise
à persister dans ses prétentions. Le duc, mécontent de ne pouvoir réussir, déclara faux
le contrat gênant ; mais Henriette en présenta
l'original chez le comte de Soissons, en présence du cardinal de Joyeuse et du duc
d'Épernon, avec les signatures des deux notaires, d'un prêtre et des parties. On convoqua les notaires ; mais l'un était mort et
l'autre, moribond, niait avoir assisté à cet
acte ; pourtant Henriette affirmait si hau-

tement sa bonne foi, qu'on se trouvait fort
embarrassé. D'ailleurs la marquise était soutenue par le comte de Soissons lui-même,
qui aurait bien voulu empêcher le mariage
du duc de Guise, craignant que ce dernier
n'entravât, en faveur de son parent le comte
de Vaudremard, l'union que lui, comte de
Soissons, projetait entre l'héritière du duc
de Montpensier et son fils. Heureusement
pour de Guise que la reine, ennemie déclarée
de la maison de Soissons, dont elle redoutait
la grandeur, soutenait sa recherche de toute
sa puissance, allant même jusqu'à dire tout
haut au comte, « qu'il avait tort de vouloir
ôter à M. de Guise sa femme après lui avoir
ôté son gouvernement » (le gouvernement
d'Orléans).

La reine accueillit donc très mal les oppositions formulées par la marquise de Verneuil, et elle songeait même à la menacer si
elle ne voulait céder autrement. Le moyen
eut peut-être été mauvais, car nous avons vu
que la lutte excitait plutôt Henriette ; mais,

par bonheur, Marie de Médicis avait sous la
main un personnage prudent et habile, le
président Jeannin, qui se chargea de l'affaire.
Il vint trouver la belle et lui représenta
tout le tort qu'elle se faisait en se mettant
à dos d'abord la reine puis une maison très
haut placée ; qu'il était plus sage de se la conserver comme amie, afin d'avoir son appui
dans des intérêts plus élevés et dans des circonstances plus graves. Le président parla
si bien et si éloquemment que la marquise
revint d'elle-même et se désista de ses poursuites, sans que l'on eût besoin d'avoir recours à des moyens violents.

Henriette de Balzac d'Entragues fut immédiatement récompensée de sa bonne volonté.
Le duc de Guise, heureux d'arriver à ses
fins, voulut reconnaître à la marquise ce
qu'elle avait fait et entreprit de la récon-
cilier complètement avec Marie de Médicis.
C'était chose délicate, vu les rivalités passées ; mais de Guise était aussi un fort habile
homme et il ne tarda pas à amener la reine

à consentir que la d'Entragues fût admise à
lui venir faire la révérence. Henriette fit le
reste ; elle se tira de ce pas difficile avec tant
de délicatesse et montra tant de discrétion
et tant de bon goût, que Marie en fut charmée
et l'autorisa bientôt à lui venir faire sa cour
toutes les fois que l'envie lui en prendrait.
Henriette n'y mit pas de fausse modestie et
s'exécuta sans paraître gênée, si bien que la
reine finit par trouver grand plaisir à la
conversation de l'ancienne maîtresse de son
royal époux, dont l'esprit, il faut le dire,
était réellement étonnant.

Quant au jugement du monde, il fut de
trouver fort avantageux pour M. de Guise
que le procès se soit vidé sous la régence ;
car, prétendait-on, Henri IV, sous couleur
de ne vouloir nuire à sa maîtresse, n'aurait
pas résisté à la tentation d'abaisser par ce
mariage une maison qu'il n'avait pu détruire
par les armes, et de laquelle il avait de fâcheux souvenirs.

CHAPITRE XIV

Fin d'Henriette de Balzac d'Entragues. — Ce qu'il advint de certains membres de sa famille. — Jugement sur sa vie.

Mais la vie de cette femme était finie du jour où elle n'avait plus à se préoccuper d'aventures galantes ; à ce point de vue la mort du roi l'avait anéantie, et ce n'est pas à l'âge qu'elle avait alors qu'on travaille à se former de nouvelles attaches. Bref, cette femme si active et si vive se laissa avachir totalement ; elle prit des dispositions toutes spéciales pour la « mangeaille » et s'entoura nuit et jour de victuailles, le repas étant la seule chose dont elle se préoccupât sérieusement, et il lui fallait une table de Sardanapale ou de Vitellius. Le résultat de cette vie stupide fut une ampleur démesurée : elle

devint monstreuse à voir ; elle garda paraît-
il son esprit, mais elle eut dès lors peu l'occasion de l'appliquer, car elle se trouva
bientôt abandonnée. Pourtant ces années
absolument ternes de sa vie furent encore
assez longues, puisqu'il est avéré qu'elle ne
mourut guère que vers 1633.

Sa sœur Marie demeura la maîtresse en
titre de Bassompierre, malgré de fréquentes
froideurs ; mais elle continuait à se faire
appeler Madame de Bassompierre. Ce que le
maréchal acceptait philosophiquement, disant : « Puisqu'elle veut un nom de guerre,
autant vaut celui-là qu'un autre. » Elle mourut après 1643, et vécut ses dernières années
au Marais, comme en témoignent les deux
passages suivants, extraits des *Adieux de
Scarron au Marais* :

> Adieu région courtisée
> De tous messieurs les fainéants,
> Les madames est-elle céans ?
> Qui vont frappant de porte en porte
> Etendus à la chèvre morte
> Dans leurs carrosses de velours,

> Qui font tant de poussière au cours.
> Si *la dame de Bassompierre*
> Les recevait à coups de pierre
> Et qu'ailleurs on en fit autant
> Ils n'importuneraient pas tant.

Et plus loin :

> Item, dame de Bassompierre,
> Par Saint-Paul, l'amy de Saint-Pierre
> Dont chétif je porte le nom,
> Ceste dame à très grand renom,
> Que ne ferais-je point pour elle,
> Si cette dame bonne et belle
> Me voulait donner à crédit
> Tant soit peu de son bon esprit !

Quant au comte d'Auvergne, il dut rester enfermé à la Bastille jusqu'en 1616, époque à laquelle on l'en sortit, sur la demande de M. de Montmorency. Richelieu comptait faire ainsi de ce seigneur un homme entièrement dévoué à la couronne, car il le considérait comme un homme désespéré qui se voit sauvé au moment où il y doit le moins compter. On lui donna d'ailleurs rapidement un rang important dans l'armée, et il s'y comporta avec bravoure.

Pour François de Balzac, la date de sa mort nous est inconnue, mais il disparaît de l'histoire une fois Henri IV mort.

Nous devons ajouter qu'il resta d'Henriette deux enfants légitimés : Henri, duc de Verneuil, qui fut d'abord évêque de Metz, qui se maria ensuite et devint gouverneur du Languedoc, et Gabrielle, qui épousa Bernard de Nogaret, duc de la Valette, puis duc d'Épernon. Le premier-né, Gaston, n'avait pas vécu.

Enfin si nous cherchons à juger Henriette de Balzac d'Entragues, nous nous trouvons en présence d'une assez grande difficulté. Ce fut évidemment une femme pleine d'esprit ; mais le cœur lui faisait défaut. Jamais en effet elle n'aima son amant ; elle sut se conduire vis-à-vis de lui avec trop de calcul en toutes circonstances, pour qu'on puisse supposer un moment de passion : elle dirigea ses manœuvres trop aisément pour cela. De plus, elle tenait de famille un esprit particulièrement intrigant, qui faillit la conduire à sa perte. Mais, si elle fut coupable, au moins peut-on dire qu'elle ne nuisit jamais réellement à son pays, et nous terminons sur cette affirmation, que jamais, personnellement, elle ne tramât un seul instant des menées contre la vie du roi.

Paris, 1884.

TABLE DES MATIÈRES

1171. — ABBEVILLE, TYP. ET STÉR. A. RETAUX. — 1887.

GÉNÉALOGIE DE LA FAMILLE DE BALZAC

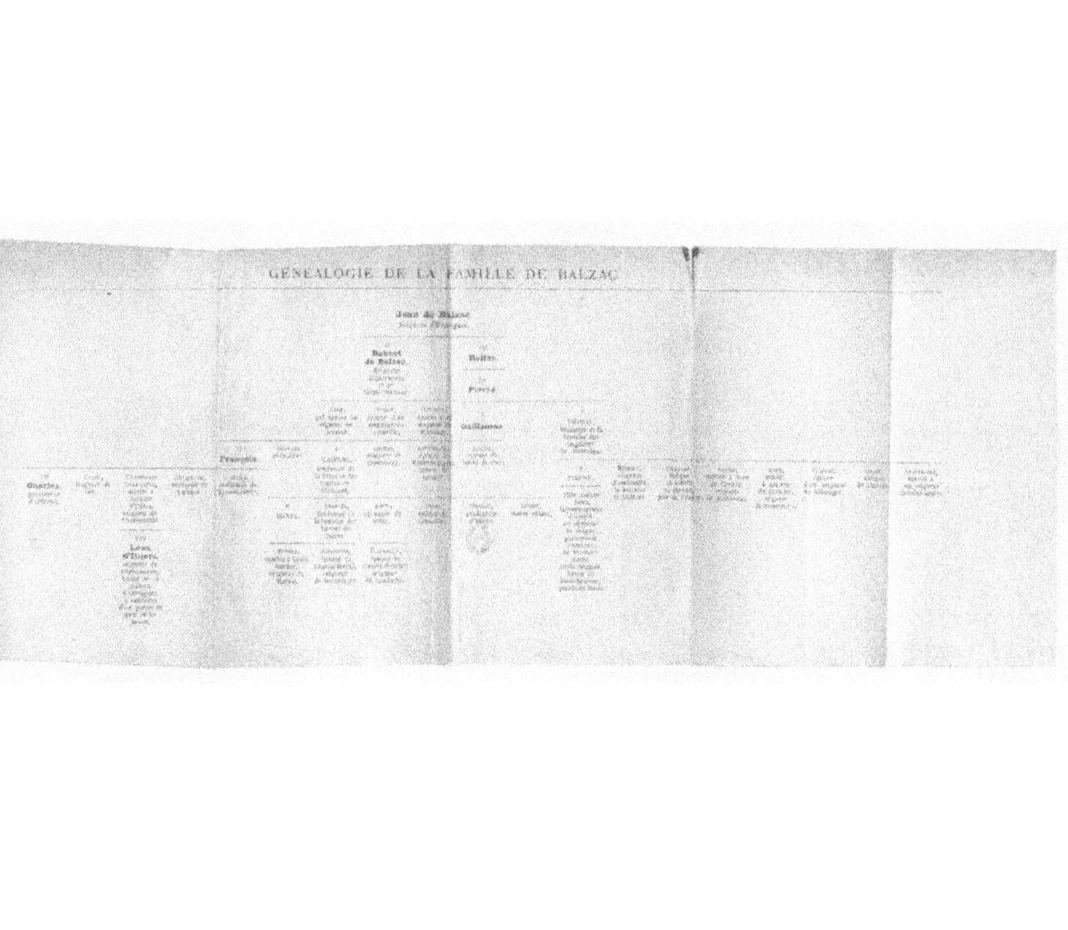

www.ingramcontent.com/pod-product-compliance
Ingram Content Group UK Ltd.
Pitfield, Milton Keynes, MK11 3LW, UK
UKHW022013170726
13837UKWH00001B/150